特長と使い方

◆ 15 時間の集中学習で入試を攻略！

1 時間で 2 ページずつ取り組み，計 15 時間（15 回）で高校入試直前の実力強化ができます。強化したい分野を，15 時間の集中学習でスピード攻略できるように入試頻出問題を選んでまとめました。

★重要
入試によく出題される問題です。

差がつく
間違えやすい問題です。正解することで，まわりと差をつけることができます。

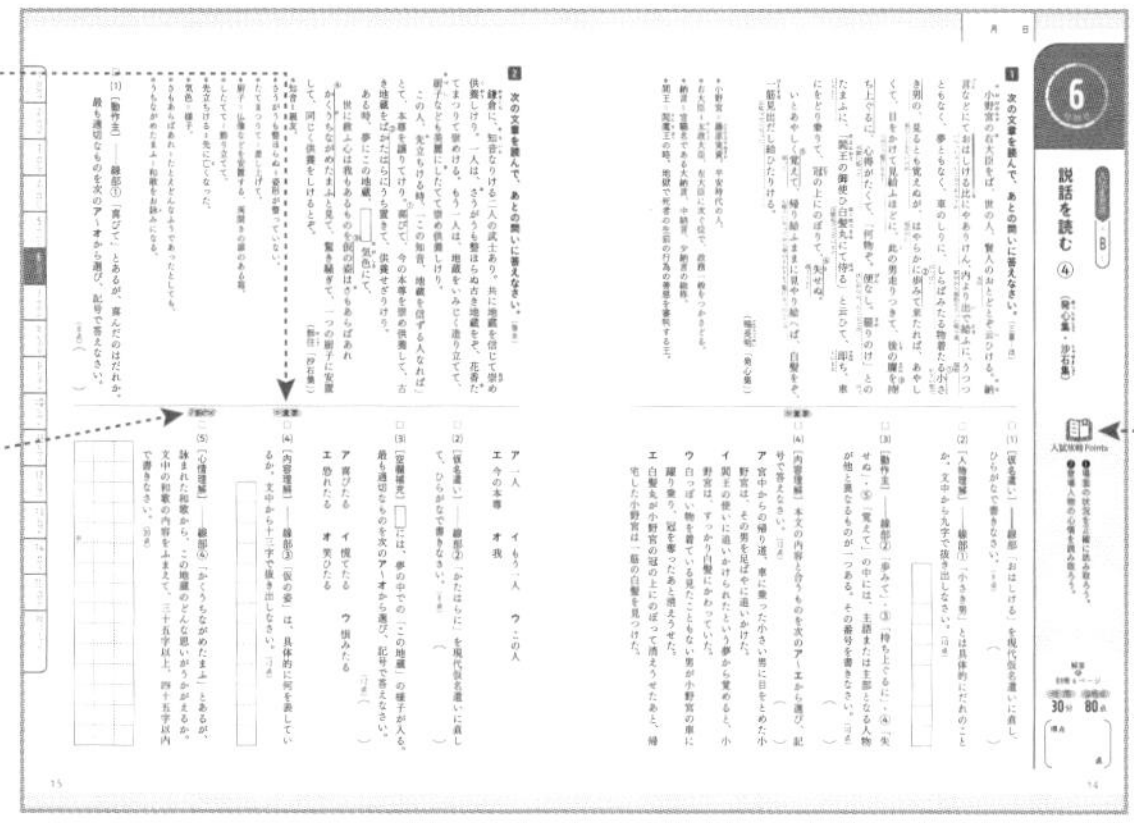

入試攻略Points
入試で問われるポイントと，その対策をまとめています。

◆「総仕上げテスト」で入試の実戦力 UP！

総合的な問題や，思考力が必要な問題を取り上げたテストです。15 時間で身につけた力を試しましょう。

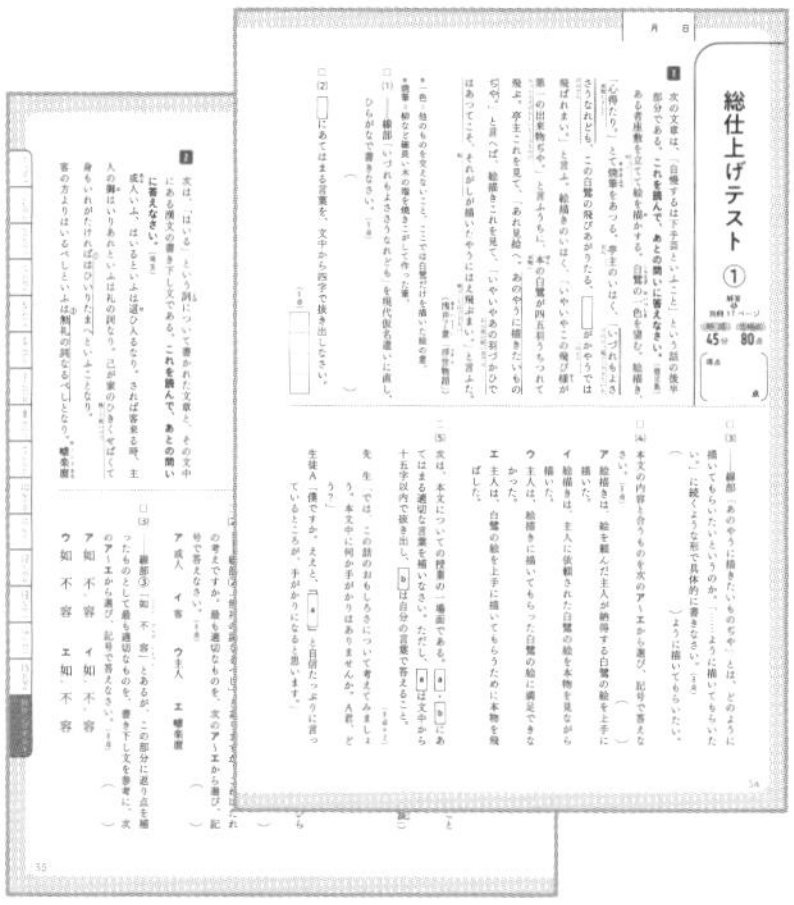

◆ 巻末付録「最重点 暗記カード」つき！

入試直前のチェックにも使える，持ち運びに便利な暗記カードです。理解しておきたい最重要事項を選びました。

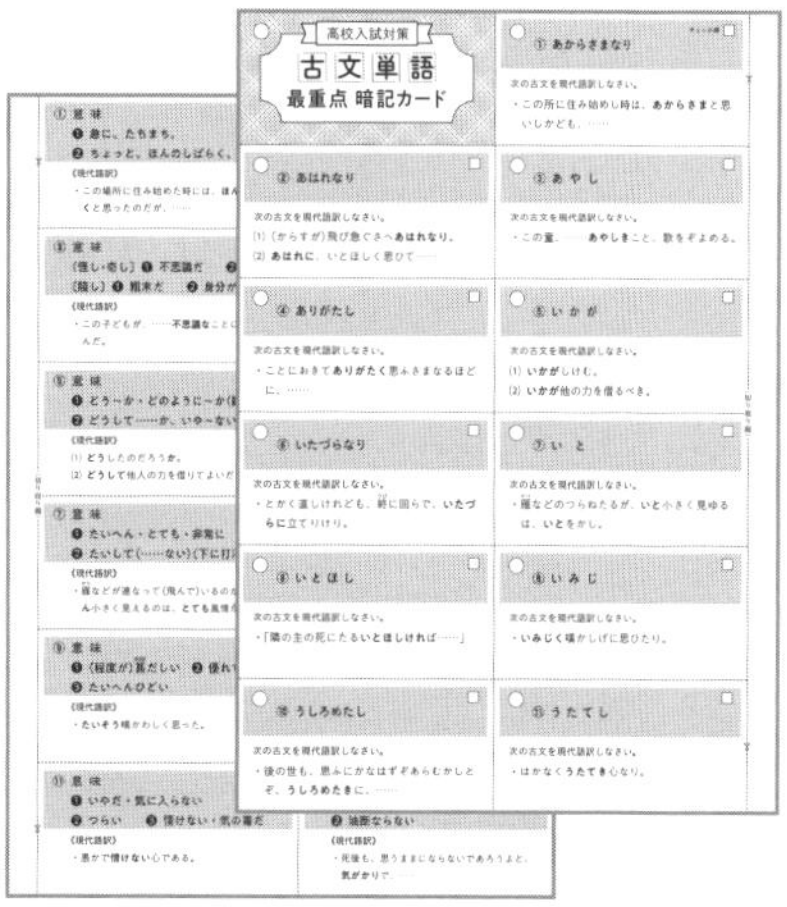

◆ 解き方がよくわかる別冊「解答・解説」！

親切な解説を盛り込んだ，答え合わせがしやすい別冊の解答・解説です。読解のポイントとなる注意事項や重要事項に 得点アップQ&A といったコーナーを設けています。

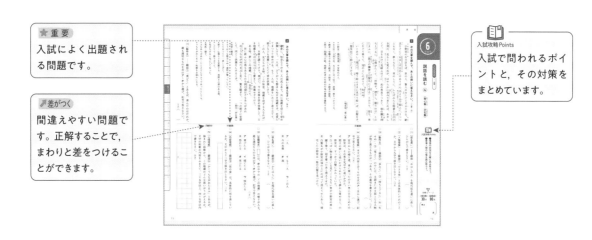

目次と学習記録表

◆ 下の表に学習日と得点を記録して，自分自身の実力を見極めましょう。
◆ 1 回だけでなく，復習のために 2 回取り組むことが，実力を強化するうえで効果的です。

出題傾向

◆「国語」の出題割合と傾向

〈「国語」の出題割合〉

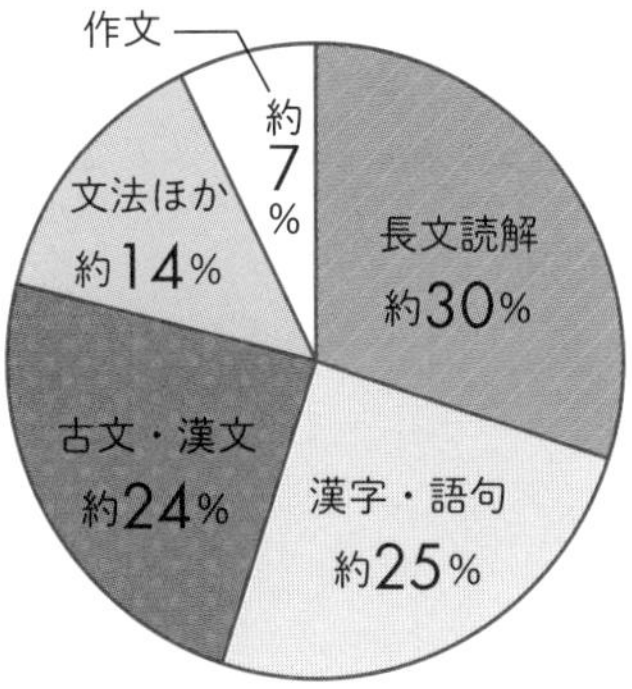

〈「国語」の出題傾向〉

- 出題される文章は，論説文・小説が中心。
  随筆からの出題は減少。
- 長文読解は，読解内容を問うものに図表の読み取りを加えた複合問題が増加。
- 漢字は，熟語の構成や慣用句・故事成語などに関する問題も出題される。
- 文法は，品詞の識別や意味・用法が主に出題される。
- 作文は条件作文が中心で，課題作文や短文作成は減少。

◆「古文・漢文」の出題傾向

・**古文** …………… 現代語訳や解説文と融合した形式で出題されることが多い。また，仮名遣いや主語を問う問題，内容把握の問題が主に出題される。

・**漢文** …………… 古文より出題頻度は低いが，出題される際は古文同様，現代語訳や解説文と融合した形式で出題されることが多い。また，動作主や返り点を問う問題，書き下し文に関する問題が主に出題される。

合格への対策

◆ 長文読解

試験を意識して，文章を速く読むようにしましょう。また，論説文における要旨の把握や小説における心情把握も十分に練習しましょう。

◆ 漢　字

漢字の読み書きは頻出のため，ふだんから漢字を使う習慣をつけましょう。

◆ 古文・漢文

動作主や主語・述語の関係について，しっかりおさえながら文章を読めるように練習しましょう。

◆ 文　法

品詞の識別やそれぞれの品詞の意味・用法はよく問われるため，品詞分類表や活用表をしっかり暗記しましょう。

◆ 作　文

日頃から社会問題に目を向けて周辺の知識を増やしておくとともに，条件に合わせて時間内に文章をまとめる練習をしましょう。

1時間目

入試重要度 A B C

歴史的仮名遣い

入試攻略Points

❶歴史的仮名遣いのルールを覚えよう。
❷特にハ行、ゐ、ゑに気をつけて正しく読もう。

解答 別冊1ページ

時間 30分　合格点 80点

得点　　点

1 次の言葉を現代仮名遣いに直し、ひらがなで書きなさい。（2点×21）

□(1) あはれ（　　）　□(2) くふ（　　）
□(3) いにしへ（　　）　□(4) にほひ（　　）
□(5) よろづ（　　）　□(6) ふぢ（　　）
□(7) をかし（　　）　□(8) まゐる（　　）
□(9) こゑ（　　）　□(10) まうす（　　）
□(11) けふ（　　）　□(12) くわじ（　　）
□(13) せうそこ（　　）　□(14) おほす（　　）
□(15) わづらひ（　　）　□(16) まらうと（　　）
□(17) なほ（　　）　□(18) うるはし（　　）
□(19) いかがせむ（　　）
□(20) しやうぐわつ（　　）
□(21) うつくしうてゐたり（　　）

2 次の文章を読んで、あとの問いに答えなさい。〔熊本―改〕

有徳廟《いうとくべう》（徳川吉宗が将軍だった時代）の時、伊豆《いづ》の船児《ふなこ》某《なにがし》を召し、日和見《ひよりみ》としたまふ。三十年ほどの間に一日も見損《みそこなひ》なし。其《そ》の子、其の父の業を継ぎて、今の日和見たり。しかるに度々見損あり。是《こ》の父は元来船児にて多年海上を往来し、命を懸けて日和を見習ひたる者①ゆゑ自然とそこに妙を得て上手なりしを、子は父の譲（地位や財産を譲り受けて）を受けて衣食が豊かなれば、②おのづから修行がおろそかになりて、父の伝のみを受け見習ひ、自分に困《たしな》みたること（苦労すること）なければ、③くはしく心を④用ゐて稽古せざるゆゑなるべし。武芸の家の者など、最も心得あるべきことなり。

（渋川時英《しぶかわときひで》「薫風雑話《くんぷうざつわ》」）

□(1) 〔仮名遣い〕――線部①～④をそれぞれ現代仮名遣いに直し、ひらがなで書きなさい。（3点×4）

①（　　）　②（　　）
③（　　）　④（　　）

3 **次の文章を読んで、あとの問いに答えなさい。**〔西武学園文理高―改〕

信長《のぶなが》公にたいし、*公方《くばう》御謀反《むほん》の時節、御出馬ありて、*上京《かみぎやう》放火なされしことありし後、*連一検校《けんげう》御前《ごぜん》に候《さうら》ひて（お伺いして）、「今度御陣、洛中《らくちゆう》（町の中）のさわぎ、上下①おぢ恐れたる事、前代未聞」と申上《まうしあ》げければ、a「さあらふずる（そうであろう）。さてその恐れたる②やうすは」と仰《おほ》せあれば、「上京に火かかると見て、*二条《にでう》に③候《さうら》ひし（住んでおりました）者の妻、まづわが子を④さへ連れてのけばすむと思ひ、三つ四つなる子を背中におひ、走りふためき、*四条《しでう》（逃げれば）の橋のもとまで逃げきたり。あまり苦しく、ちと子をおろして休まんと思ひ、地の上にどうと置いて見れば、石臼にてぞ候ひける（でございました）。」

（『醒酔笑《せいすいしよう》』）


*公方御謀反の時節＝足利義昭《あしかがよしあき》様が謀反を起こしなさったとき。足利義昭は室町幕府第十五代将軍。

*上京＝地名。

*連一検校＝杉原連一。信長公の話し相手をした御伽衆《おとぎしゆう》(主人のそばに仕えて話し相手を務めた者)の一人とされる。「検校」とは盲人に与えられた最高位の官名。

*二条＝地名。

*四条の橋＝賀茂川《かもがわ》にかかる橋。四条は地名。

□ (1) 〔仮名遣い〕――線部①～④をそれぞれ現代仮名遣いに直し、ひらがなで書きなさい。（3点×4）

① (　　　　) ② (　　　　)
③ (　　　　) ④ (　　　　)

□ (2) 〔会話文の理解〕a「さあらふずる。さてその恐れたるやうすは」は誰の発言か。次の**ア**～**エ**から選び、記号で答えなさい。（6点）(　　)

ア 信長公　**イ** 連一検校　**ウ** 妻　**エ** 筆者

□ (3) 〔内容理解〕この文章のおかしみはどのようなところにあるか。それを説明した次の文の A ・ B にあてはまる言葉を、文中から三字と二字で抜き出しなさい。（6点×2）

A [　　　] B [　　]

A だと思ったら、 B だったところ。

□ (4) 〔内容理解〕本文の内容として適切なものを次の**ア**～**オ**から二つ選び、記号で答えなさい。（8点×2）(　　)(　　)

ア 足利義昭将軍は、信長を相手に戦った。
イ 信長は、京の都に放火した。
ウ 連一検校は信長に武士同士の戦いの様子を詳しく伝えた。
エ 二条に住んでいた者の妻は、我が子を探して町の中を走り回った。
オ 二条に住んでいた者の妻には子供が三人または四人いた。

2 時間目

入試重要度 A B C

古文の特徴

入試攻略Points
❶係り結びのルールを覚えよう。
❷現代とは違う意味の古文単語をおさえよう。

解答 別冊2ページ
時間 30分　合格点 80点
得点　　点

1　次の文章を読んで、あとの問いに答えなさい。〔帝塚山学院泉ヶ丘高―改〕

　昔、*賈氏《こし》といふ人、類《たぐひ》なく容貌《かたち》わろくて、顔うつくしき妻《め》を［　　］持ちたりける。この女、かばかり醜き人とも知らず*会ひ初《そ》めにければ、悔しきこと取りかへすばかりにおぼえけれど、いふ甲斐《かひ》なくて明かし暮らすに、良きこと悪《あ》しきこと、①すべてもの言はず、えも笑はで、世の常は*むすぼほれてのみ過ぐしけるを、男、類なく憂《う》しと思ひて、この女にもの言はせ、うち笑《ゑ》ませばやとしけれども、いかにも甲斐なくて、三年《みとせ》にもなりにけるに、春、野辺に出《い》でて、もろともに遊び侍《はべ》りけり。*雉子《きぎす》といふ鳥の、沢のほとりに立ちゐ侍りけるを、この夫、弓矢を取りて名を得たりければ、この雉子をたちどころに射殺《いころ》してけり。これを見るに、②年ごろの憎さも忘れて、褒め、うち笑みたりければ、夫、嬉《うれ》しさ類なくおぼえて、

③聞かましや　*妹《いも》が三年の　言の葉を　野沢の雉子　得ざらましかば

　これを聞くにこそ、よろづのこと良くしまほしけれ。（「唐物語《からものがたり》」）

*賈氏＝人名。
*会ひ初めにければ＝結婚したので。
*むすぼほれて＝気分が晴れないで。
*雉子＝きじ。　*妹＝妻。

□ (1)〔空欄補充〕［　　］にあてはまる言葉として最も適切なものを次の**ア**～**エ**から選び、記号で答えなさい。（6点）（　　）

ア など　**イ** なん　**ウ** のみ　**エ** さへ

□ (2)〔理由説明〕——線部①「すべてもの言はず、えも笑はで」とあるが、それはなぜか。その理由を、「から。」につながるように、十字以内で書きなさい。（10点）

［　　　　　　　　　　］から。

□ (3)〔内容理解〕——線部②「年ごろの憎さ」とあるが、これは妻のどのような気持ちか。その説明として最も適切なものを次の**ア**～**エ**から選び、記号で答えなさい。（9点）（　　）

ア 夫のいじけた態度に抱き続けてきた苛立《いらだ》ち。
イ 夫との不本意な結婚生活に対する長年の不満。
ウ 軽はずみな結婚で青春を無駄にしたことへの後悔。
エ 世の人々が夫をばかにすることへの激しい怒り。

□ (4)〔内容理解〕——線部③「聞かましや　妹が三年の　言の葉を」の意味として最も適切なものを次の**ア**～**エ**から選び、記号で答えなさい。（11点）（　　）

ア この先三年も妻は私の言葉を聞いてくれないのだろうか。
イ この先三年も妻の言葉を聞くことはできないのだろうか。
ウ 三年も待たせた私の言葉を妻が聞くことはなかったなあ。
エ 三年も待った妻の言葉を聞くことはなかっただろうなあ。

2 次の文章を読んで、あとの問いに答えなさい。〔青稜高―改〕

昔、男ありけり。身はいやしながら《身分は低いものの》、母なむ宮なりける《母は内親王であった》。その時、*長岡《ながをか》といふ所に住みたまひけり①。子は京に宮仕へしければ、まうづとしけれど②、しばしばえまうでず《頻繁にはうかがうことができない》。ひとつ子《一人っ子》にさへありければ、いとかなしうしたまひけり③。さるに、十二月《しはす》ばかりに、とみのこと《急なこと》とて御文《おほんふみ》あり。おどろきて見れば④、歌あり。

A 老いぬればさらぬ別れ《避けられない別れ》の⑤ありといへばいよいよ見まくほしき君かな

かの子、いたううち泣きてよめる。

B 世の中にさらぬ別れのなくもがな《ないといいなあ》千代《ちよ》もと祈る人の子⑥のため

（伊勢物語《いせものがたり》）

*長岡＝現在の京都府長岡市。平安京に遷都される前に都が置かれていた。

★重要

□(1)〔動作主〕――線部①「住みたまひけり」、②「まうづとしけれど」、④「おどろきて見れば」の主語をそれぞれ次のア～エから選び、記号で答えなさい。（6点×3）

ア 男　イ 母　ウ 帝　エ 父

①（　）②（　）④（　）

□(2)〔現代語訳〕――線部③「いとかなしうしたまひけり」の意味として最も適切なものを次のア～エから選び、記号で答えなさい。（9点）（　）

ア とてもかわいい姿になさった
イ たいそうかわいがっていらっしゃった
ウ 大変かわいそうだとお思いになった
エ とても悲しいとお思いになった

★重要

□(3)〔文法〕――線部⑤「の」と同じ意味・用法のものとして最も適切なものを次のア～エから選び、記号で答えなさい。（7点）（　）

ア 今は昔、竹取の翁といふものありけり。
イ 百千の家も出できなん。
ウ 夏は夜。月のころはさらなり。
エ 雪の降りたるは言ふべきにあらず。

□(4)〔内容理解〕――線部⑥「人の子」とは誰のことか。最も適切なものを次のア～エから選び、記号で答えなさい。（8点）（　）

ア 男　イ 母　ウ 帝　エ 父

□(5)〔内容理解〕和歌A・Bの説明として最も適切なものをそれぞれ次のア～エから選び、記号で答えなさい。（11点×2）

A（　）B（　）

ア 死ぬ前に一目会いたいという痛切な思いが詠《よ》まれている。
イ 久しぶりに会うことができた喜びが切々と詠まれている。
ウ いつまでも長生きしてほしいという願いが詠まれている。
エ ついに会いに行かなかったことへの後悔が詠まれている。

月　日

3 時間目

入試重要度 A B C

説話を読む ①（十訓抄《じっきんしょう》）

入試攻略Points

❶たとえを正しく理解しよう。
❷筆者の意図をとらえよう。

解答 別冊3ページ

時間 30分　合格点 80点

得点　　点

1 **次の文章を読んで、あとの問いに答えなさい。**〔埼玉－改〕

ある人のいはく、「人は良き友にあはむことをこひねがふべきなり」。

麻《あさ》の中の蓬《よもぎ》は（麻の中に生い育つ蓬は）ためざるに（力を加えなくとも）、①おのづから直し（まっすぐ伸びる）といふたとひあり。蓬は枝さし（伸び方は）、直からぬ草なれども、麻に生《お》ひまじりたれば、ゆが（曲がって）みてゆくべき道のなきままに（伸びていく場所がない）、心ならず（不本意ながら）、うるはしく（きちんとまっすぐに）生ひのぼるなり。

②心の悪《あ》しき人（心のねじけた人）なれども、③うるはしくうちある人（正しく立派に過ごしている人）の中に交はりぬれば、さすが（そうはいっても、やはり）かれこれをはばかる（あれこれと気づかうことが多くなり）ほどに、おのづから直しくなるなり。

（六波羅二﨟左衛門入道《ろくはらにろうさえもんにゅうどう》「十訓抄」）

□ (1)［仮名遣い］══線部「こひねがふべきなり」を現代仮名遣いに直し、ひらがなで書きなさい。（8点）

（　　　　）

□ (2)［現代語訳］──線部①「おのづから」の意味として最も適切なものを次のア〜エから選び、記号で答えなさい。（8点）（　　）

ア 自然と　**イ** 高々と

ウ しっかりと　**エ** ゆっくりと

□ (3)［内容理解］──線部②「心の悪しき人」・③「うるはしくうちある人」は、何にたとえられているか。それぞれ文中から漢字一字で抜き出しなさい。（8点×2）

②（　　）　③（　　）

□ (4)［内容理解］本文の内容と合うものを次のア〜エから選び、記号で答えなさい。（8点）（　　）

ア 麻が蓬の中でまっすぐ育ったとえのように、心のねじけた人は周囲に気づかうことはない。

イ 麻が蓬の中でまっすぐ育ったとえのように、正しく立派に過ごしている人はよい友となる。

ウ 蓬が麻の中でまっすぐ育ったとえのように、心のねじけた人はよい友と出会うことはない。

エ 蓬が麻の中でまっすぐ育ったとえのように、よい友と出会うことにより人は正しくなる。

□ (5)［ことわざ］本文のたとえと似た意味のことわざを次のア〜エから選び、記号で答えなさい。（8点）（　　）

ア 血は水よりも濃い

イ 朱に交われば赤くなる

ウ 長いものには巻かれろ

エ 情けは人のためならず

2 次の文章を読んで、あとの問いに答えなさい。〔群馬〕

ある文にいはく、趙柔《てうじう》といふ人、路にあうて《道において》、人の残せるところの金珠、ひとつらぬき《ひもで通した一束》を得たり。その値、多くの絹にあたれり《相当する》といへども、①主を呼びて、返し取らせたりければ《返し与えたところ》、人これを聞きて、おほきにうやまひけり。

またいはく、漢《かん》の*楊震《やうしん》、*東萊《とうらい》の太守《郡の長官》として、*昌邑《しやういふ》といふところを過ぎけるに、そのところの司《役人》、古意《昔のよしみ》あるによりて、金を忍びやかに震にあたふ。震がいはく、「天も知り。地も知れり。我も知り、人も知る。」といひて、②つひに受けず。

「四知を恥づ」とはこれなり。おろかなるたぐひは、人の見るばかりをはばかりて、天のかがみたまふ《ご覧になっている》ことを恥ぢぬなり。はかなくうたてき《愚かで情けない》心なり。

（六波羅二﨟左衛門入道「十訓抄」）

*楊震＝人名。文中の「震」も同じ人物。
*東萊、昌邑＝いずれも地名。

□ (1) 〔仮名遣い〕══線部「おほきに」を現代仮名遣いに直し、ひらがなで書きなさい。(8点)（　　）

★重要
□ (2) 〔人物理解〕──線部①「主」に当たる人物を次のア～エから選び、記号で答えなさい。(8点)（　　）

ア 趙柔　**イ** 金珠の持ち主　**ウ** 太守　**エ** 趙柔の主人

□ (3) 〔内容理解〕──線部②「つひに受けず」とあるが、**a**だれが**b**何を受け取らなかったのか。それぞれ文中から抜き出しなさい。(8点×2) **a**（　　）**b**（　　）

3 次の文章を読んで、あとの問いに答えなさい。〔宮城―改〕

人の心は、水の入れものに従ふがごとし。入れもの細ければ、すなはち細し。まろければ、すなはちまろくなる。心は朋友《ほういう》にならふ。*いかが選ばざるべけん。

（六波羅二﨟左衛門入道「十訓抄」）

*いかが選ばざるべけん＝どうして選ばないでいられようか。

□ (1) 〔内容理解〕──線部「人の心は、水の入れものに従ふがごとし」について説明した次の文の□にあてはまる言葉を文中から抜き出しなさい。(10点)（　　）

水は入れものによってその形が決まる。この水と入れものとの関係は、人の心と□との関係にあてはめることができる。

★重要
□ (2) 〔内容理解〕本文の内容と合うものを次のア～エから選び、記号で答えなさい。(10点)（　　）

ア 一生のうちで、心を通わせられる真の友人にめぐり会うことはまれである。

イ すぐれた友人を見習って、自分の行いを改めるよう心がけたいものである。

ウ 友人は多ければ多いほどいざというときに頼りになり、心強いものである。

エ 互いの成長に、よい影響を与え合えるような友人を見つけたいものである。

4 時間目

入試重要度 A B C

説話を読む②（宇治拾遺物語《うじしゅういものがたり》）

入試攻略Points
❶主語（動作主）を正確にとらえよう。
❷理由を的確に説明できるようにしよう。

解答 ⇩ 別冊４ページ

時間 30分　合格点 80点

得点　　点

1 **次の文章を読んで、あとの問いに答えなさい。**〔県立柏陽高―改〕

昔、*物《もの》の怪《け》わづらひしところに、物の怪わたし候《さぶら》ふ程に《祈りをあげて物の怪を乗り移らせましたところ》、物の怪、*物付《ものつき》につきて言ふやう、「①おのれは、たたりの物の怪にても侍《はべ》らず。うかれて《さまよい歩いて》、まかり通りつる狐《きつね》なり。*塚屋《つかや》に子どもなど侍るが、物をⓐ欲しがりつれば、かやうの所には、食い物、ちろぼふ《散らばっているも》ものぞかし《のだ》とて、②まうで来つるなり。」*しとぎばし食べて、まかり《立ち去りまし》なん《よう》。」と言へば、しとぎをせさせて、*一折敷《ひとをしき》とらせたれば、少し食ひて、「あな、むまや、むまや《ああ、うまいなあ》。」と言ふ。「この女の、しとぎ欲しかりければ、虚物《そらもの》つきて、かく《このように》言ふ。」とにくみあへり。

（「宇治拾遺物語」）


*物の怪＝人にとりついて心や体を苦しめると考えられていたもの。ここでは「狐」。

*物付＝物の怪を退治するときに一時的に物の怪を乗り移らせるもののこと。ここでは「この女」。

*塚屋＝墓地にある小屋。

*しとぎばし＝しとぎでも。「しとぎ」は米の粉で作ったお供えの餅《もち》。

*一折敷＝折敷にいっぱいに。「折敷」は、食器をのせるのに用いた角盆。

□(1)［動作主］～～線部ⓐ「欲しがりつれば」の主語を、答えなさい。（8点）（　　）

★重要
□(2)［内容理解］――線部①「おのれは、たたりの物の怪にても侍らず」の説明として最も適切なものを次のア～エから選び、記号で答えなさい。（12点）（　　）

ア　おまえは悪い物の怪であるのに、まるで神の化身であるかのように人に善行の報いをもたらすふりをするのはぜひやめてほしいと懇願している。

イ　おまえは人間に幸福をもたらす良い物の怪であるにもかかわらず、どうして人間にとりついて人々を混乱に陥れるのかと激しく抗議している。

ウ　わたしは悪い物の怪ではなく、人間に災いをもたらそうとしているわけではないので、いつまでも女にとりついている気はないと釈明している。

エ　わたしは人に悪行の報いをもたらす物の怪ではなく、悪い狐を懲らしめるためだけにとりついているので、心配しなくてもよいと弁解している。

□(3)［理由説明］――線部②「まうで来つるなり」とあるが、その理由の説明として最も適切なものを次のア～エから選び、記号で答えなさい。（12点）（　　）

ア　自分につきまとって離れない物の怪を、何とか払いのけてほしいと験者に頼もうと決心したから。

イ　自分がお供えのうまい餅を食べるには、人間界の女にとりつくことが一番よいと思いついたから。

ウ 自分の子どもたちにひどいことをしてきた人間に、何としても仕返ししてやろうと決心したから。

エ 自分の子どもたちの空腹を満たす食べ物を、人間たちのところで手に入れようと思いついたから。

2 **次の文章を読んで、あとの各問いに答えなさい。**〔愛媛・三重―改〕

①今は昔、親に孝《けう》する者（孝行する）ありけり。朝夕《あさゆふ》に木をこりて（切って）、親を養ふ。孝養《けうやう》の心、空に知られぬ（天にいる神に通じた）。②*梶《かぢ》もなき舟に乗りて、むかひの島に行くに、朝《あした》には、南の風吹きて、北の島に吹きつけつ（吹きつけた）。夕《ゆふべ》には、また舟に木をこり入れてゐたれば（切って積んでいると）、北の風吹きて、家に吹きつけつ。③かくのごとくするほどに、年ごろになりて（長い年月が過ぎて）、Bおほやけにきこしめして（朝廷でもこのことをお聞きになって）、大臣になして（任じて）、召し使はる（召し使われた）。その名を*鄭大尉《ていたいゐ》とぞいひける。

（「宇治拾遺物語」）

*梶＝舟をこぐ道具。
*鄭大尉＝中国の後漢《ごかん》時代の人。「大尉」は官職の名前。

□ (1) 〔**現代語訳**〕 ――線部①「今は昔」・③「かくのごとくするほどに」の意味として最も適切なものをそれぞれ次の**ア**～**エ**から選び、記号で答えなさい。（10点×2）　①（　　）　③（　　）

① **ア** 今となっては昔のことだが
イ 今も昔も変わらず
ウ 昔のように今でも
エ 昔は今とはちがっていたが

③ **ア** このようにしたけれど
イ このようにしないので
ウ このようにするならば
エ このようにするうちに

□ (2) 〔**動作主**〕 ――線部②「梶もなき舟に乗りて……北の島に吹きつけつ」について、a「梶もなき舟に乗りて、むかひの島に行く」、b「北の島に吹きつけつ」の主語は何か。それぞれ文中からaは六字で、bは三字で抜き出しなさい。（8点×2）

a □□□□□□
b □□□

□ (3) 〔**仮名遣い**〕 〰線部A「入れてゐたれば」、B「おほやけ」をそれぞれ現代仮名遣いに直し、ひらがなで書きなさい。（10点×2）

A（　　　　）　B（　　　　）

□ (4) 〔**内容理解**〕 本文の内容に合うものを次の**ア**～**エ**から選び、記号で答えなさい。（12点）（　　）

ア 木を切って親を養っていた者が、親に楽をさせようと考え、漁に出て激しい嵐に巻き込まれたが大臣に救われた。
イ 木を切って親を養っていた者が、天にいる神の声にしたがい航海に出て、出会った鄭大尉から大臣に任じられた。
ウ 木を切って親を養っていた者の、天にいる神に通じるほどの孝行が、朝廷に伝わり、その者は大臣に任じられた。
エ 木を切って親を養っていた者の造った舟が、朝廷で評判となり、その者は大臣の舟を造るように天に命じられた。

5 時間目

入試重要度 A B C

説話を読む ③（古今著聞集《ここんちょもんじゅう》）

入試攻略Points

❶物語に描かれた人物像をとらえよう。
❷筆者が最も言いたいことを理解しよう。

解答 ⇩ 別冊5ページ

時間 30分　合格点 80点

得点　　点

1 次の文章を読んで、あとの問いに答えなさい。〔長崎―改〕

*九条の大相国《だいしやうこく》浅位《位階の低かったころ》の時、なにとなく*后町《きさきまち》の井を、立ちよりて底をのぞき給ひけるほどに、丞相《じようしやう》《大臣の人相》の相《さう》見えける。［　］おぼして帰り給ひて、①鏡をとりて見給ひければ、その相なし。いかなる《どのような》事にかとおぼつかなくて、また大内《おほうち》《宮中》に参りて、かの井をのぞき給ふに、さきのごとくこの相見えけり。その後しづかに案じ給ふに、鏡にて近く見るにはその相なし。井にて《井戸の水に映して》遠く見るにはその相あり。この事、大臣《おとど》にならんずる事《なるという事》遠かるべし。つひにはむなしからじ《実現するだろう》、②と思ひ給ひけり。はたしてはるかに程へてなり給ひにけり。この大臣は、ゆゆしき相人にておはしましけり。*宇治の大臣も、わざと相せられさせ給ひけるとかや《特に依頼して占ってもらいなさったということだ》。

（橘成季《たちばなのなりすえ》「古今著聞集」）

*九条の大相国＝藤原伊通《ふじわらのこれみち》。「大相国」は太政《だいじょう》大臣の別名。
*后町＝常寧殿《じょうねいでん》という宮中の御殿を指す。
*宇治の大臣＝藤原頼長《よりなが》。

□(1) ［仮名遣い］――線部「しづかに案じ給ふに」を現代仮名遣いに直して書きなさい。ただし、漢字はそのままでかまわない。（8点）

（　　　　）

□(2) ［空欄補充］［　］にあてはまる言葉を次のア〜エから選び、記号で答えなさい。（8点）

（　　）

ア うれしく　イ うらやましく
ウ 悲しく　エ なつかしく

□(3) ［内容理解］――線部①「鏡をとりて見給ひければ、その相なし」について説明した次の文の［A］・［B］にあてはまる言葉を、文中から抜き出しなさい。ただし、［A］は二字、［B］は七字とする。（8点×2）

藤原伊通が、「［A］」に近々おなりになるわけではないが、［B］おなりになるということをあらわしている。

A ［　　］
B ［　　　　　　　］

□(4) ［会話文］――線部②「と思ひ給ひけり」とあるが、お思いになった内容はどこからか。文中から初めの三字を抜き出しなさい。（8点）

［　　　］

□(5) ［内容理解］本文から読み取れる藤原伊通の人物像として最も適切なものを次のア〜エから選び、記号で答えなさい。（10点）

（　　）

ア 不吉な人相をしていた。
イ 意気地のない人だった。
ウ すぐれた人相見だった。
エ 物覚えの悪い人だった。

2 次の文章を読んで、あとの問いに答えなさい。〔鳥取―改〕

中比《なかごろ》、六《むつ》の葦毛《あしげ》といふⓐあがり馬ありけり。いづれの御室《おむろ》にか、大法《だいほふ》をおこなはせたまひけるに、引き進ぜられにけるを、ある房官にたまはせてけり。あがり馬とも知らでⓑ乗りありきけるほどに、ある時、京へいでけるに、知りたる人道にあひて、この馬を見て、ⓒ「いかにさしものあがり馬の名物、六の葦毛にはかく乗りたまへるぞ」といひたりけるに、臆《おく》して手綱をつよくひかへたりけるに、やがてあがりてなげけるに、てんさかさまに落ちて、かしらをさんざんに突きわりにけり。ⓓをかしかりける事なり。

（橘成季「古今著聞集」）

- 中比：そう遠くない昔
- 六の葦毛：馬の名前
- いづれの御室にか：どの住職のときであったか
- 大法：重要なお祈り
- 引き進ぜられにけるを：贈り物として進呈された馬を
- 房官：寺の事務官
- 道にあひて：途中で出会って
- てん：たちまち

□(1)〔仮名遣い〕＝＝線部「おこなはせたまひける」を現代仮名遣いに直し、ひらがなで書きなさい。（8点）

（　　　　）

□(2)〔語句説明〕――線部ⓐ「あがり馬」の説明として最も適切なものを次のア～エから選び、記号で答えなさい。（8点）

ア 足がとても速い馬　**イ** 京に上ってきた馬

ウ 気性の荒い馬　**エ** 人の能力を見抜く馬

（　　　　）

□(3)〔動作主〕――線部ⓑ「乗りありきける」の主語を文中から抜き出しなさい。（8点）

（　　　　）

□(4)〔心情理解〕――線部ⓒ「いかにさしものあがり馬の名物、六の葦毛にはかく乗りたまへるぞ」にはどのような気持ちが込められているか。最も適切なものを次のア～エから選び、記号で答えなさい。（8点）

（　　　　）

ア 怒り　**イ** 驚き

ウ 喜び　**エ** 悲しみ

(5) ――線部ⓓ「をかしかりける事なり」について、次の各問いに答えなさい。

□①〔動作主〕「をかしかりける」と思ったのはだれか。最も適切なものを次のア～エから選びなさい。（8点）

（　　　　）

ア 御室　**イ** ある房官

ウ 知りたる人　**エ** 筆者

□②〔内容理解〕この話のおもしろさはどのような点にあるか。最も適切なものを次のア～エから選び、記号で答えなさい。（10点）

（　　　　）

ア 馬に乗るのが得意な人が、知り合いにほめられ調子に乗りすぎて落馬してしまった点。

イ 馬をもらって喜んでいた人が、知り合いに会い急に恥ずかしがって緊張してしまった点。

ウ 何気なく馬に乗っていた人が、その馬の本当の価値に気が付かず軽べつされてしまった点。

エ 平気で馬に乗っていた人が、ある人の言葉によって急におじけづいて失敗してしまった点。

6 時間目

入試重要度 A B C

説話を読む ④

（発心集《ほっしんしゅう》・沙石集《しゃせきしゅう》）

入試攻略Points
❶場面の状況を正確に読み取ろう。
❷登場人物の心情を読み取ろう。

解答 別冊6ページ

時間 30分　合格点 80点

得点　　点

1 **次の文章を読んで、あとの問いに答えなさい。**〔三重―改〕

*小野宮《おののみや》の*右大臣をば、世の人、賢人のおとど《大臣》とぞ云《い》ひける。*納《な》言《ごん》などにておはしける比《ころ》にやありけん《いらっしゃったころであろうか》、内より出《い》で給《たま》ふに《宮中から退出なさった帰り道》、うつつ《現実》ともなく、夢ともなく、車のしりに、しらばみたる《白っぽい》物着たる①小さき男《小さい男で》の、見るとも覚えぬが《見たこともないのが》、はやらかに《足ばやに》②歩みて来たれば、あやしくて、目をかけて見給ふほどに《とめてご覧になると》、此《こ》の男走りつきて、後《しり》の簾《すだれ》を③持ち上ぐるに、心得がたくて《不審に思って》、「何物ぞ。便《びん》なし。罷《まか》りのけ《けしからん。そこをどけ》」とのたまふに《おっしゃると》、「*閻王《えんわう》の御使ひ白髪丸《はくはつまる》にて侍《はべ》る《白髪丸でございます》」と云ひて、即《すなは》ち《そのまま》、車にをどり乗りて、冠《かむり》の上にのぼりて、④失《う》せぬ《消えうせた》。

いとあやしく⑤覚えて《思って》、帰り給ふままに見やり給へば《お帰りになってから身のまわりをご覧になったところ》、白髪をぞ、一筋《ひとすぢ》見出だし給ひたりける《お見つけになった》。

（鴨長明《かものちょうめい》「発心集」）

*小野宮＝藤原実資《ふじわらのさねすけ》。平安時代の人。
*右大臣＝太政大臣《だいじょう》、左大臣に次ぐ位で、政務一般をつかさどる。
*納言＝官職名である大納言、中納言、少納言の総称。
*閻王＝閻魔王《えんまおう》の略。地獄で死者の生前の行為の善悪を審判する王。

□(1)〔仮名遣い〕══線部「おはしける」を現代仮名遣いに直し、ひらがなで書きなさい。(8点)
（　　　　）

□(2)〔人物理解〕――線部①「小さき男」とは具体的にだれのことか。文中から九字で抜き出しなさい。(10点)

□□□□□□□□□

□(3)〔動作主〕――線部②「歩みて」・③「持ち上ぐるに」・④「失せぬ」・⑤「覚えて」の中には、主語または主部となる人物が他と異なるものが一つある。その番号を書きなさい。(10点)
（　　　　）

★重要
□(4)〔内容理解〕本文の内容と合うものを次の**ア**～**エ**から選び、記号で答えなさい。(12点)
（　　　　）

ア 宮中からの帰り道、車に乗った小さい男に目をとめた小野宮は、その男を足ばやに追いかけた。
イ 閻王の使いに追いかけられたという夢から覚めると、小野宮は、すっかり白髪にかわっていた。
ウ 白っぽい物を着ている見たこともない男が小野宮の車に躍り乗り、冠を奪ったあと消えうせた。
エ 白髪丸が小野宮の冠の上にのぼって消えうせたあと、帰宅した小野宮は一筋の白髪を見つけた。

2 **次の文章を読んで、あとの問いに答えなさい。**〔熊本〕

鎌倉《かまくら》に、*知音《ちいん》なりける二人の武士あり。共に地蔵を信じて崇《あが》め供養《くやう》しけり。一人は、*さうがうも整ほらぬ古き地蔵をぞ、花香*たてまつりて崇めける。もう一人は、地蔵をいみじく造り立てて、*厨子《づし》なども美麗に*したてて崇め供養しけり。

　この人、*先立ちける時、「この知音、地蔵を信ずる人なれば」とて、本尊を譲りてけり。①喜びて、今の本尊を崇め供養して、古き地蔵をば②かたはらにうち置きて、供養せざりけり。

　ある時、夢にこの地蔵、□*気色《けしき》にて、

　　世に救ふ心は我もあるものを③仮の姿は*さもあらばあれ

④かく*うちながめたまふと見て、驚き騒ぎて、一つの厨子に安置して、同じく供養をしけるとぞ。（無住《むじゅう》「沙石集」）

*知音＝親友。
*さうがうも整ほらぬ＝姿形が整っていない。
*たてまつりて＝差し上げて。
*厨子＝仏像などを安置する、両開きの扉のある箱。
*したてて＝飾り立てて。
*先立ちける＝先に亡《な》くなった。
*気色＝様子。
*さもあらばあれ＝たとえどんなふうであったとしても。
*うちながめたまふ＝和歌をお詠《よ》みになる。

□ (1) 〔動作主〕――線部①「喜びて」とあるが、喜んだのはだれか。最も適切なものを次のア～オから選び、記号で答えなさい。（8点）（　　）

ア 一人　**イ** もう一人　**ウ** この人
エ 今の本尊　**オ** 我

□ (2) 〔仮名遣い〕――線部②「かたはらに」を現代仮名遣いに直して、ひらがなで書きなさい。（8点）（　　）

□ (3) 〔空欄補充〕□には、夢の中での「この地蔵」の様子が入る。最も適切なものを次のア～オから選び、記号で答えなさい。（12点）（　　）

ア 喜びたる　**イ** 慌てたる　**ウ** 恨みたる
エ 恐れたる　**オ** 笑ひたる

★重要
□ (4) 〔内容理解〕――線部③「仮の姿」は、具体的に何を表しているか。文中から十三字で抜き出しなさい。（12点）

[　　　　　　　　　　　　　]

差がつく
□ (5) 〔心情理解〕――線部④「かくうちながめたまふ」とあるが、詠まれた和歌から、この地蔵のどんな思いがうかがえるか。文中の和歌の内容をふまえて、三十五字以上、四十五字以内で書きなさい。（20点）

[　　　　　　　　　　　　　　　　　　　　35　　　　　　　　　　　]

7 時間目

入試重要度 A B C

随筆を読む ①（枕草子《まくらのそうし》）

入試攻略Points

❶ 筆者のおかれた状況をとらえよう。
❷ 筆者の考えや行動を理解しよう。

解答 別冊7ページ

時間 30分　合格点 80点

得点　　点

1 **次の文章を読んで、あとの問いに答えなさい。**〔青森〕

*陰陽師《をんやうじ》のもとなる*小童《こわらはべ》こそ、いみじう《すばらしく》物は①知りたれ。*祓《はらへ》などしにいでたれば、*祭文《さいもん》など②よむを、人は猶《なほ》こそきけ《人はただ聞いているだけだが》、ち《さっと》うとたち走りて、「酒、水、いかけ《振りかけ》させよ」ともいはぬに、しあ《それをし》りくさまの、例しり《てまわる様子が、やるべきことをわきまえ》、いささか《少しも》主に物いはせぬこそ、うらやましけれ。③さらんものがな使はん、とこそおぼゆれ《こういう気のきく者を使いたいものだ、と思われる》。

（清少納言《せいしょうなごん》「枕草子」）

*陰陽師＝暦を仕立てたり占いや土地の吉凶などをみたりする役人。
*小童＝子ども。
*祓＝神に祈って罪・けがれを清め、災いを除くこと。また、その行事。
*祭文＝節をつけて読んで神仏に告げる言葉。

□ (1) **［仮名遣い］** ══線部「いはせぬ」を現代仮名遣いに直し、ひらがなで書きなさい。（8点）

（　　　　）

□ (2) **［動作主］** ──線部①「知りたれ」、──線部②「よむ」の主語の組み合わせとして最も適切なものを次の**ア**～**エ**から選び、記号で答えなさい。（15点）

（　　　　）

ア ①陰陽師　②小童
イ ①陰陽師　②筆者
ウ ①小童　②陰陽師
エ ①小童　②筆者

差がつく
□ (3) **［内容理解］** ──線部③「さらんものがな使はん、とこそおぼゆれ」とあるが、ある生徒が、筆者がそのように思った理由を次のようにまとめた。□にあてはまる「小童」の具体的な様子を、二十字以内で書きなさい。（15点）

筆者は、「小童」が陰陽師に指示されなくても□様子を見て、自分もそのような気のきく者を使いたいと思ったから。

（□□□□□□□□□□□□□□□□□□□□）

2 **次の文章を読んで、あとの問いに答えなさい。**〔立命館宇治高―改〕

①二月つごもりごろ《下旬》に、風②いたう吹きて、空いみじう黒きに、雪すこしうち散りたるほど、*黒戸《くろど》に主殿司《とものづかさ》来て、「かうて候《さぶら》ふ《おじゃまいたします》。」と言へば、寄りたるに、「これ、*公任《きんたふ》の宰相殿の。《公任の宰相殿からの（お手紙でございます）》」とてあるを見れば、懐紙《ふところがみ》に、

少し春ある心地□すれ

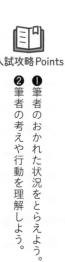

とあるは、げに今日の③気色《けしき》にいとよう合ひたるもこれが本《もと》はいかでかつくべからむ、と思ひわづらひぬ《この和歌の上の句はどうしてつけられようか、と思い悩んだ》。「誰々《たれたれ》か。《どなたたち（がいらっしゃるの）か》」と問へば、「それそれ。《誰それです》」と言ふ。

みないと恥づかしき中に《みなとても立派な（方々がそろった）中に》、宰相の御いらへ《お返事》を、いかでかことなしびに《どうしてこともなげに》言ひ出でむ、と心一つに苦しきを、④御前《おまへ》《中宮様（天皇の妻）》に御覧ぜさせむとすれど、上《天皇》のおはしまして、大殿籠りたり《（天皇と中宮様はすでに）お休みになっていらっしゃる》。

主殿司は「とくとく《早く早く》。」と言ふ。げに遅うさへあらむは、いと取りどころなければ《まったく（和歌が下手なうえに）返事まで遅いというのは、本当によいところがないので》、さはれ《どうにでもなれ》とて、空寒み花にまがへて散る雪にと、わななくわななく書きてとらせて、いかに思ふらむとわびし。

これがことを聞かばやと思ふに《この評価を聞きたいものだと思うが》、そしられたらば聞かじとおぼゆるを、「俊賢《*としかた》の宰相など、『なほ内侍《*ないし》に奏してなさむ《やはり（筆者を）内侍に任命するよう（天皇に）申し上げてそうしよう》。』となむ定め給ひし。」とばかりぞ、*左兵衛督《さひやうゑのかみ》の中将*におはせし、語り給ひし。

（清少納言「枕草子」）

*黒戸＝清涼殿《せいりょうでん》（天皇の住まい）の中にある黒い板戸のついた部屋のこと。
*主殿司＝宮内省に属す役所の役人のこと。
*公任の宰相＝藤原公任《ふじわらのきんとう》のこと。平安時代中期の公卿《くぎょう》。和歌の名人。
*俊賢の宰相＝源 俊賢《みなもとのとしかた》のこと。平安時代中期の公卿。
*内侍＝女性官人の最上位である掌侍《ないしのじょう》の略称。
*左兵衛督＝左兵衛府の長官のこと。
*中将＝近衛《このえ》府の次官のこと。

□ (1) ［古文常識］——線部①「二月」の月の異名をひらがなで答えなさい。（10点）
（　　　　）

□ (2) ［仮名遣い］——線部②「いたう」を現代仮名遣いに直し、ひらがなで書きなさい。（8点）
（　　　　）

★重要
□ (3) ［空欄補充］□にあてはまる言葉として最も適切なものを次のア～エから選び、記号で答えなさい。（10点）
ア ぞ　イ さへ　ウ や　エ こそ
（　　　　）

□ (4) ［現代語訳］——線部③「気色」の意味として最も適切なものを次のア～エから選び、記号で答えなさい。（10点）
ア 天候　イ 顔色　ウ 気分　エ 機嫌
（　　　　）

□ (5) ［現代語訳］——線部④「御前に御覧ぜさせむ」とあるが、この意味として最も適切なものを次のア～エから選び、記号で答えなさい。（12点）
ア 中宮様にお見せしないようにしよう
イ 中宮様にお見せしよう
ウ 中宮様に見るように言おう
エ 中宮様に見ないように言っておこう
（　　　　）

□ (6) ［内容理解］作者が公任の宰相殿に送った上の句はどのようなものだったか。文中から抜き出しなさい。（12点）
（　　　　）

8時間目　随筆を読む②（徒然草《つれづれぐさ》）

入試重要度 A B C

入試攻略Points
❶どのような話題かをとらえよう。
❷筆者の意見や考えを理解しよう。

解答 別冊8ページ
時間 30分　合格点 80点
得点　　点

1 次の『徒然草』の原文と現代語訳とを読んで、あとの問いに答えなさい。〔愛知〕

〔原文〕久しく隔たりてあひたる人の、我が方にありつる事、かずかずに残りなくⓐ語りつづくるこそ、あいなけれ。隔てなくなれぬる人も、ほどへて見るは、①はづかしからぬかは。つぎさまの人は、あからさまに立ち出《い》でても、今日ありつる事とて、息もつぎあへず語り興ずるぞかし。よき人のⓑ物語するは、人あまたあれど、ひとりに向きてⓒ言ふを、おのづから人も聞くにこそあれ。よからぬ人は、たれともなく、あまたの中にうち出でて、見ることのやうにⓓ語りなせば、皆同じく笑ひののしる、いとらうがはし。をかしき事をⓔ言ひてもいたく興ぜぬと、興なき事を言ひてもよく笑ふにぞ、品のほど計られぬべき。

〔現代語訳〕長い間離れていて久しぶりで会った人が、自分の方にあったことを、あれもこれも一つ残さず話しつづけるのは、まったくおもしろくないものである。心に隔たりなく慣れ親しんでしまった人も、しばらくたって会うときは、[　]。教養や品位のそれほどでない人は、②ついちょっと出かけても、今日あったことだといって、息をつくひまもなく話しておもしろがるものである。教養のある人が話をするのは、人がたくさんいても、その中の一人に向かって言うのを、自然と他の人々も聞くのである。教養のない人は、だれを相手ともなく、おおぜいの中にでしゃばって、目の前に見ていることのように話すので、みんないっしょに笑い騒ぐのが、実にそうぞうしい。おもしろいことを言ってもたいしておもしろがらないのと、おもしろくもないことを言ってもよく笑うのとによって、その人の人がらの程度が自然と推測されるだろう。

□ (1) 〔現代語訳〕——線部①「はづかしからぬかは」の現代語訳として[　]にあてはまる最も適切なものを、次のア〜エから選び、記号で答えなさい。（10点）（　　）

ア 恥ずかしい気持ちになる　**イ** 恥ずかしいのだろうか
ウ 恥ずかしくないだろう　**エ** 恥ずかしいわけがない

□ (2) 〔動作主〕〰〰線部ⓐ〜ⓔの中で、主語が同じものをすべて選び、記号で答えなさい。（完答10点）（　　）

□ (3) 〔内容理解〕現代語訳の——線部②「ついちょっと」ということばを原文では何といっているか。六字で抜き出しなさい。（10点）[　　　　　　]

□ (4) 〔内容理解〕本文の内容と合うものを次の**ア**〜**エ**から選び、記号で答えなさい。（10点）（　　）

ア 久しぶりに会った人には、自分の最近の様子をできるだけ詳しく話すことが必要である。

イ 教養のある人は、ほんのちょっと外出したときのことでもおもしろく話すことができる。

ウ 人の話を聞いているときは、周りの人の反応に合わせるようにすることが大切である。

エ 教養のある人の話は、他の人に向かって話をしているときでも自然と耳を傾けたくなる。

2 次の文章を読んで、あとの問いに答えなさい。〔鳥取〕

人は、をのれをつづまやかにし《つつましくて》、おごりを退けて、財持たず、世をむさぼらざらんぞ《俗世間の名誉や利益に執着しない》、いみじかるべき《りっぱである》。昔より、賢き人の富めるはまれなり。

もろこし《中国》に許由《きょゆう》*といひける人の、更に身に従へる《持っている》たくはへもなくて、水をも、手して《手ですくって》捧《ささ》げて飲みけるを見て、なりひさこ*といふ物を、人の①得させたりければ、ある時、木の枝に懸けたりけるが、風に吹かれて鳴りけるを、「かしかまし《やかましい》」とて捨てつ《捨てて》、また手にむすびてぞ《手ですくい上げて》、水も飲みける。②いかばかり心のうち涼しかりけん。

孫晨《そんしん》*は、冬の月にふすま*なくて、わら一束《つか》ありけるを、夕にはこれに臥《ふ》し《寝て》、朝には収めけり。

もろこしの人は、③これをいみじと思へばこそ、記しとどめて世にも伝へけめ《後世に伝えたのであろうが》、これらの人は語り伝ふべからず《日本の人は語り伝えるはずがない》。

（吉田兼好《よしだけんこう》「徒然草」）

*許由・孫晨＝古代中国の賢人の名前。

*なりひさこ＝ひょうたん。二つ割りにして中をくり抜き、しゃくしとしても用いた。

*ふすま＝寝るときに上にかける夜具。ふとん。

□ (1) **［内容理解］** ――線部①「得させたりければ」とあるが、**a**だれが、**b**だれに、**c**何を与えたのか。それぞれ文中から抜き出しなさい。（10点×3）

a（　　　）**b**（　　　）**c**（　　　）

□ (2) **［現代語訳］** ――線部②「いかばかり心のうち涼しかりけん」の意味として最も適切なものを次の**ア**～**エ**から選び、記号で答えなさい。（10点）（　　）

ア どんなにか心の中はさっぱりとしていただろうか。
イ どんなにか心の中は寒々しかったことだろうか。
ウ どんなにか心の中はつらかったことだろうか。
エ どんなにか心の中は空虚であったことだろうか。

□ (3) **［内容理解］** 許由の話にでてくる「なりひさこ」は、孫晨の話では何にあたるか。文中から五字以内で抜き出しなさい。（10点）

□ (4) **［指示語］** ――線部③「これ」とはどのようなことを指しているか。最も適切なものを次の**ア**～**エ**から選び、記号で答えなさい。（10点）（　　）

ア 豊かさを追い求める貪欲な生き方。
イ 貧しくつらい境遇にひたすら耐える生き方。
ウ 自然の中で優雅な生活を楽しむ生き方。
エ ものへのこだわりがない無欲な生き方。

9 時間目

入試重要度 A **B** C

随筆を読む ③

（花月草紙《かげつそうし》・方丈記《ほうじょうき》）

入試攻略Points

❶筆者が述べている内容を適切にとらえよう。
❷代表的な随筆の作品と筆者を覚えよう。

解答 別冊9ページ

時間 30分　合格点 80点

得点　　点

1 **次の文章を読んで、あとの問いに答えなさい。**〔埼玉―改〕

すべて《おおよそ》春は雨こそのどかなれ。軒ばより霞《かすみ》わたりて、いとこまやかにふれるが、①衣うるほせどもふるとはみえず。軒の玉水も間遠に音して《雨だれも間隔があいて》、すみ捨てし《捨て去られて住むもののいない》＊蜘《くも》のゐに玉ぬくけしき、庭のおものかれふの《枯れ草の》庭に《地面に》、みどりややそひ行くも《次第に加わっていくのも》、柳のいとの動きもやらで露そふも《糸のような柳の枝が動きもしないで露をつけているのも》、ともにいとのどかなれ。ともし火かかげても、何となくひかりしめりたるに《湿っているのも》、かねのおとのほのかにひびきくるも、心すみわたりぬるものぞかし《心が澄み切った感じがするものであるよ》。

あつさにたえかぬるころ、雲のみなぎり出《い》づる勢ひありて、風ひとしきり吹きおちたるに、柳・蓮《はす》ばなんど《など》の、②葉うらしろくみせたるもすずし。やがておほきやかなる雨《大粒の雨》の間遠におちたるが、のちにはしきりにふりきて、ものおともきこえず、土のにほひきたるもいと心《ここ》ちよし。

（松平定信《まつだいらさだのぶ》「花月草紙」）

＊蜘《くも》のゐに玉ぬく＝くもの巣にかかっている露を宝石にたとえた表現。

□(1)〔現代語訳〕――線部①「衣うるほせどもふるとはみえず」とあるが、この部分の意味として最も適切なものを次の**ア**～**エ**から選び、記号で答えなさい。（8点）（　　）

ア 衣は雨にぬれてしまうが、水がしたたるほどではない。

イ 衣は雨にぬれているが、雨の降る様子は見えない。

ウ 衣がすっかりぬれるほどの雨が降っている様子は見えない。

エ 衣は雨にぬれてしまうが、ぬれている時間は長くない。

□(2)〔内容理解〕――線部②「葉うらしろくみせたる」とあるが、その原因が書かれている部分を文中から十二字で抜き出しなさい。（8点）

□□□□□□□□□□□□

□(3)〔内容理解〕本文には、様々な感覚からとらえられた自然の様子が描かれている。嗅覚にもとづいて描かれたものを、文中から漢字一字で抜き出しなさい。（8点）□

□(4)〔内容理解〕本文の内容と合うものを次の**ア**～**エ**から二つ選び、記号で答えなさい。（完答10点）（　・　）

ア 春は霞のような細かい雨が降るが、夏は大粒の激しい雨が降る。

イ 春は雨だれが間隔をあけずに落ちるが、夏は雨だれが間隔をあけて落ちる。

ウ 春は雨が降っても鐘の音がかすかに響いてくるが、夏は激しい雨音で物音も聞こえない。

エ 春の雨は湿っていても心が澄み切った感じがするが、夏の雨は蒸し暑く不快な感じがする。

2 **次の文章を読んで、あとの問いに答えなさい。**〔群馬—改〕

ゆく河の流れは絶えずして《絶えることがなくて》、しかも、①もとの水にあらず。よどみに浮かぶうたかた《あわ》は、②かつ消えかつ結びて、久しくとどまりたるためしなし《長い間とどまっている例はない》。世の中にある人とすみかと、また③かくのごとし《これと同じようである》。

〈中略〉

その主《あるじ》とすみかと無常をあらそふさま、いはば《たとえていってみれば》、あさがほの露に異ならず。あるいは、露落ちて花残れり。残るといへども、朝日に枯れぬ《枯れてしまう》。あるいは、花しぼみて露なほ消えず。消えずといへども④夕べを待つことなし。

（「方丈記」）

□(1)［仮名遣い］═線部「あらそふ」を現代仮名遣いに直し、ひらがなで書きなさい。（6点）（　　）

□(2)［現代語訳］——線部①「もとの水にあらず」を、現代語に直して書きなさい。（8点）（　　）

□(3)［表現技法］——線部②「かつ消えかつ結びて」と同じ表現技法が使われているものを次の**ア**〜**エ**から選び、記号で答えなさい。（8点）（　　）

ア 天地《あめつち》の分かれし時ゆ
イ 駿河《するが》なるふじの高嶺《たかね》を天の原振り放《さ》け見れば
ウ 時じくぞ雪は降りける
エ 語り継ぎ言ひ継ぎ行かむふじの高嶺は

□(4)［内容理解］——線部③「かくのごとし」とあるが、**a**何が、**b**何と同じようなのか。それぞれ文中から五字以内で抜き出しなさい。（6点×2）

a（　　）　**b**（　　）

□(5)［動作主］——線部④「夕べを待つことなし」の主語を文中から抜き出しなさい。（8点）（　　）

□(6)［内容理解］本文の内容と合うものを次の**ア**〜**エ**から選び、記号で答えなさい。（8点）（　　）

ア 美しい風景だけが認められるわけではない。
イ 人間は毎日の生活に追われながら生きている。
ウ 世の中にはいつまでも変化しないものはない。
エ 自然と調和して生きていくことが大切である。

★重要

□(7)［文学史］「方丈記」について説明した、次の文の**A**〜**D**にあてはまる言葉を書きなさい。ただし、**A**〜**C**はあとから記号を選び、**D**は文中から二字の言葉を抜き出しなさい。（4点×4）

A（　　）**B**（　　）**C**（　　）**D**（　　）

鎌倉《かまくら》時代に**A**によって書かれた「方丈記」は、**B**によって書かれた「枕草子《まくらのそうし》」や**C**によって書かれた「徒然草《つれづれぐさ》」と並ぶ古典の三大随筆の一つである。とくに、ここで取り上げている人の世の**D**を川の流れによせて書かれた序章は、有名である。

ア 清少納言《せいしょうなごん》　**イ** 松尾芭蕉《まつおばしょう》
ウ 鴨長明《かものちょうめい》　**エ** 吉田兼好《よしだけんこう》（兼好法師）

10 時間目

入試重要度 A B C

物語を読む

（伊曽保《いそほ》物語）

入試攻略Points
❶指示語の指している内容をとらえよう。
❷場面の転換に注意しよう。

解答 別冊10ページ

時間 30分　合格点 80点

得点　　点

1 **次の文章を読んで、あとの問いに答えなさい。**〔鳥取〕

ある時、鼠《ねずみ》ⓐの大勢集まりて談合《相談》しけるは、「いつも、かの猫といふいたづらもの《悪がしこい者》に捕らるる時、千度《ちたび》悔ひても、その詮なし《かいがない》。かの猫、声を立てるか、足音でもすれば、かねて用心して捕られぬ覚悟をもするなれども、ひそかに近寄りて来るゆゑ①、折々油断して捕らるるなり。いかにせば良からん」と言ひければ、一つⓑの鼠進み出でて申しけるは、「それには、何より良き手段あり。かの猫ⓒの首へ鈴を付け置かば、たとへ足音はせずとも、こなた②に油断はあるまじ」といふにぞ、皆々「もつとも然《しか》るべし」と言ひけるが、大勢の鼠ⓓの中より、誰あつて、「猫の首へ鈴を付けに行かう③」と言ふ者なければ、つひにその談合は止みにける④。そのごとく、人も後先の勘弁《考え》なく、了簡《りやうけん》《具体策》ありげに口をたたく《ぺちゃくちゃしゃべる》者は、鼠に等しく、つひには恥をかくものなれば、□と思ふべし。

（伊曽保物語）

□(1)**〔仮名遣い〕**——線部①・③を現代仮名遣いに直し、ひらがなで書きなさい。（8点×2）

①（　　）　③（　　）

★重要

□(2)**〔文　法〕**〜〜線部ⓐ〜ⓓの「の」のうち、意味・用法が異なるものを次の**ア**〜**エ**から選び、記号で答えなさい。（8点）（　　）

ア 鼠ⓐの大勢集まりて談合しけるは、
イ 一つⓑの鼠進み出でて申しけるは、
ウ かの猫ⓒの首へ鈴を付け置かば、
エ 大勢の鼠ⓓの中より、

□(3)**〔現代語訳〕**——線部②「こなた」の意味として最も適切なものを次の**ア**〜**エ**から選び、記号で答えなさい。（8点）（　　）

ア 猫　**イ** 子ども　**ウ** 向こう　**エ** こちら

□(4)**〔理由説明〕**——線部④「その談合は止みにける」とあるが、この理由を現代語で簡単に書きなさい。（10点）

（　　）

□(5)**〔空欄補充〕**□にあてはまる最も適切な言葉を、次の**ア**〜**エ**から選び、記号で答えなさい。（8点）（　　）

ア 立て板に水
イ 口は災いの門
ウ 猫に小判
エ 出る杭《くい》は打たれる

2 次の文章を読んで、あとの問いに答えなさい。〔福島―改〕

ある川のほとりに、蟻《あり》、遊ぶことありけり。にはかに《突然》水かさ増さりきて、かの蟻をさそひ流る《巻き込んで流れる》。浮きぬ沈みぬするところに、鳩《はと》、こずゑよりこれを見て、①「あはれなるありさまかな《気の毒な様子だなあ》。」と、こずゑをちと食ひ切つて、川中に落としければ、蟻、これに乗つて渚《なぎさ》に上がりぬ。かかりけるところに《こうしたところに》、ある人、竿《さを》の先にとりもち*をつけて、かの鳩をささんとす《とろうとする》。蟻、心に思ふやう、「ただ今の恩《恩を》を送らんものを《返したいものよ》。」と思ひ、かの人の足にしつかと②食ひつきければ、おびえあがつて、竿をかしこに《そこに》③投げ捨てけり。そのものの色や知る《その人にそのいきさつがわかろうか》。しかるに《しかし》、鳩、④これをさとりて《理解して》、いづくともなく《どこへともなく》飛び去りぬ。

〔伊曽保物語〕

*とりもち＝小鳥などを捕らえるのに用いる、ねばねばしたのり状のもの。

□(1) 〔仮名遣い〕＝線部「思ふやう」を現代仮名遣いに直し、ひらがなで書きなさい。(8点)
（　　）

□(2) 〔内容理解〕――線部①「あはれなるありさまかな」とあるが、鳩は、何の、どのような様子を気の毒だと思ったのか、簡単に書きなさい。(8点)
（　　）

□(3) 〔動作主〕――線部②「食ひつきければ」・③「投げ捨てけり」の主語の組み合わせとして最も適切なものを次のア～エから選び、記号で答えなさい。(8点)
（　　）

ア ②＝かの人　③＝かの人
イ ②＝かの人　③＝鳩
ウ ②＝蟻　③＝鳩
エ ②＝蟻　③＝かの人

差がつく

□(4) 〔指示語〕――線部④「これ」が指している内容を三十字以内で書きなさい。(10点)

□(5) 〔場面〕本文を二つの場面に分けるとすると、後半はどこから始まるか。後半の初めの五字を抜き出しなさい。(8点)

□(6) 〔内容理解〕本文の内容と合うものを次のア～エから選び、記号で答えなさい。(8点)
（　　）

ア 他から親切にされると、その行いに報いたいという思いを持つようになるものである。
イ 他から何度も手厚い親切を受けていると、感謝の気持ちを忘れがちになるものである。
ウ 他への親切心を持ち続けていると、周囲から大きな信頼を得ることができるものである。
エ 他への親切心を大切にする友人を持つと、自分も常に親切でありたいと願うものである。

11 時間目

入試重要度 A **B** C

日記を読む
(土佐《とさ》日記・更級《さらしな》日記)

入試攻略Points

❶「いつ」・「どこで」など場面の様子をとらえよう。
❷日記に書かれた筆者の心情を読み取ろう。

解答 別冊 11 ページ

時間 **30**分　合格点 **80**点

得点　　点

1 次の文章は、筆者が土佐の国(今の高知県)から都(京都)へ旅をしたときの日記の一部である。**これを読んで、あとの問いに答えなさい。**〔石川―改〕

二十二日。昨夜《よんべ》の泊《とまり》《港》より、異《こと》泊を追ひて《めざして》行く。はるかに山見ゆ。年九つばかりなる男《を》の童《わらは》《子ども》、年よりは幼くⓐぞある。この童、船を漕《こ》ぐまにまに《につれて》、ⓑ山も行くと見ゆるを見て、ⓒあや《不思議な》しきこと《ことに》、歌をぞよめる《よんだ》。その歌、

漕ぎて行く船にて見ればあしひきの山さへ行くを松は知らずや

とぞいへる。幼き童の言《こと》にては、似つかはし《ふさわしい》。

(紀貫之《きのつらゆき》「土佐日記」)

(1) ――線部ⓐ「ぞある」について次の各問いに答えなさい。

□① 〔文　法〕「ぞ」・「ある」のようなつながりを何というか、書きなさい。(5点)　(　　　)

□② 〔文　法〕①のつながりが使われている部分を、文中から一続きの五字以内で、ほかに二つ抜き出しなさい。(5点×2)

□(2) 〔表現技法〕文中の和歌から枕詞《まくらことば》を抜き出しなさい。(5点)　(　　　)

□(3) 〔現代語訳〕――線部ⓑ「山も行くと見ゆる」を現代語に直しなさい。(8点)　(　　　)

□(4) 〔場　面〕この「男の童」は、どこで和歌を詠《よ》んだか。適切なものを次のア～エから選び、記号で答えなさい。(5点)　(　　　)

ア 異泊　**イ** 海辺　**ウ** 京都　**エ** 船上

(5) ――線部ⓒ「あやしきこと」について次の各問いに答えなさい。

□① 〔内容理解〕筆者はどんなことを不思議に思ったのか、簡単に書きなさい。(8点)　(　　　)

□② 〔心情理解〕この部分以外で、筆者の感想が述べられている一文を文中から抜き出し、初めの五字を書きなさい。(5点)

□(6) 〔内容理解〕本文の内容と合うものを次の**ア**～**エ**から選び、記号で答えなさい。(8点)　(　　　)

ア 九歳ぐらいの男の子が、筆者の乗る船を漕がされていた。
イ 筆者と男の子の乗る船からは、空と海しか見えなかった。
ウ 筆者と九歳ぐらいの男の子は、次の港をめざす途中だった。
エ 筆者は、九歳ぐらいの男の子に和歌の詠み方を教えた。

2 次の文章を読んで、あとの問いに答えなさい。〔京都〕

まだあかつきより*足柄《あしがら》をこゆ。*まいて①山の中のおそろしげなること、いはむ方なし。雲は足の下に踏まる。*ⓐ山のなからばかりの、ⓑ木の下のわづかなるに、*葵《あふひ》のただ三すぢばかりあるを、*世ばなれてかかる山中にしも生《お》ひけむよと、人々あはれがる。水はその山に三所《みところ》ぞながれたる。

からうじてこえいでて、*関山《せきやま》にとどまりぬ。これよりは駿河《するが》なり。よこはしりの関ⓒのかたはらに、岩壺《いはつぼ》といふ所あり。えもいはずおほきなる石の*四《よ》はうなる中に、穴ⓓのあきたる中よりいづる水の、②清くつめたきことかぎりなし。

（菅原孝標女《すがわらのたかすえのむすめ》「更級日記」）

*足柄＝足柄山。相模《さがみ》（今の神奈川県の大部分）と駿河（今の静岡県の中央部）の国境《くにざかい》を南北に走る連峰。
*まいて＝まして。　*山のなから＝山の中腹。
*葵＝アオイ科の植物の総称。　*世ばなれて＝人里離れて。
*関山＝関所のある山。ここに「よこはしり（横走）の関」があった。
*四はう＝四角《しかく》。

□ (1)【仮名遣い】══線部「えもいはずおほきなる」を現代仮名遣いに直し、ひらがなで書きなさい。（6点）

（　　　　　　　）

□ (2)【会話文】文中には会話文が一箇所ある。その初めと終わりの五字を抜き出しなさい。（8点）

［　　　　　］～［　　　　　］

□ (3)【現代語訳】──線部①「山の中の……いはむ方なし」の意味として最も適切なものを次の**ア**～**エ**から選び、記号で答えなさい。（8点）

ア 山の中は何とも言いようがないほど恐ろしい様子である。
イ 山の中の恐ろしさを口にするものはだれもいない。
ウ 山の中は想像していたとおり恐ろしいものである。
エ 山の中は恐ろしいとどうしても言えない。

（　　　）

□ (4)【文　法】〰線部ⓐ～ⓓの「の」のうち、意味・用法が異なるものを次の**ア**～**エ**から選び、記号で答えなさい。（8点）

ア 山のⓐなからばかりの　**イ** 木のⓑ下の
ウ 関のⓒかたはらに　**エ** 穴のⓓあきたる

（　　　）

□ (5)【心情理解】──線部②「清くつめたきことかぎりなし」に表されている筆者の心情について説明した次の文の［A］・［B］にあてはまる言葉を書きなさい。ただし、［A］は文中から抜き出し、［B］は適切なものをあとの**ア**～**エ**から選び、記号で答えなさい。（8点×2）

A（　　　　　）　B（　　　）

> この日の旅は、［A］というまだ暗いうちからの山越えであった。やっとの思いで山を越えることができた筆者にとって、関所のそばの岩の穴からわき出る水は、道中のつらさを忘れさせるほど［B］ものであった。

ア 優雅な　**イ** 心地よい　**ウ** 力強い　**エ** 華やかな

12 時間目

入試重要度 A B C

紀行文を読む
（おくのほそ道）

入試攻略Points
❶筆者の旅の目的を考えよう。
❷俳句に込められた筆者の心情を読み取ろう。

解答 別冊 12 ページ

時間 30分　合格点 80点　得点　点

1 **次の文章を読んで、あとの問いに答えなさい。**〔群馬・沖縄―改〕

三代の栄耀《えいえう》ⓐ一睡《いつすゐ》のうちにして、大門《だいもん》の跡は一里こなたにあり。秀衡《ひでひら》が跡は田野《でんや》になりて、金鶏山《きんけいざん》のみ形を残す。まづ高館《たかだち》に登れば、北上《きたかみ》川南部より流るる大河なり。衣《ころも》川は、和泉《いづみ》が城《じやう》をめぐりて、高館の下にて大河にⓑ落ち入る。泰衡《やすひら》らが旧跡は、衣《ころも》が関《せき》を隔てて南部口をさし固め、えぞを防ぐと見えたり。さても義臣すぐつてⓒこの城にこもり、功名一時の草むらとなる。ⓓ「国破れて山河あり、城春にして草青みたり」と、かさうち敷きて、時のうつるまでなみだを落としはべりぬ。

ⓔ夏草やつはものどもが夢の跡

（松尾芭蕉《まつおばしょう》「おくのほそ道」）

□ (1) 〔内容理解〕――線部ⓐ「一睡のうち」に込められた意味として最も適切なものを次のア～エから選び、記号で答えなさい。（6点）（　　）

ア 静かで心地よいこと　イ 常に変わらないこと
ウ 短くてはかないこと　エ 華やかで盛んなこと

★重要
□ (2) 〔動作主〕――線部ⓑ「落ち入る」の主語を、文中から抜き出しなさい。（6点）（　　）

□ (3) 〔指示語〕――線部ⓒ「この城」とは何を指すか答えなさい。（6点）（　　）

□ (4) 〔場　面〕文中で筆者がいる場所はどこか。最も適切なものを次のア～エから選び、記号で答えなさい。（6点）（　　）

ア 金鶏山　イ 衣が関　ウ 秀衡が跡　エ 高館

(5) ――線部ⓓ「国破れて山河あり、城春にして草青みたり」・ⓔ「夏草やつはものどもが夢の跡」について次の各問いに答えなさい。

□ ① 〔文学史〕――線部ⓓは、中国の有名な詩人の漢詩をもとに書かれている。Xだれの、Y何という作品か、それぞれ次から選び、記号で答えなさい。（6点×2）

X ア 李白《りはく》　イ 白居易《はくきょい》　ウ 杜甫《とほ》　エ 孟浩然《もうこうねん》
Y ア 春望《しゅんぼう》　イ 長恨歌《ちょうごんか》　ウ 春暁《しゅんぎょう》　エ 静夜思《せいやし》

X（　　）Y（　　）

□ ② 〔表現技法〕――線部ⓔに用いられている表現技法を次のア～エから選び、記号で答えなさい。（6点）（　　）

ア 擬人法　イ 対句法　ウ 倒置法　エ 体言止め

□ ③ 〔心情理解〕――線部ⓓ・ⓔからわかる、文中の芭蕉の気持ちを説明した文として最も適切なものを次のア～エから選び、記号で答えなさい。（8点）（　　）

ア 旧跡の雄大な風景に圧倒され、感動している。
イ 自然の永遠性と人の世のはかなさを思いやっている。
ウ 義臣を失い悲しみにくれ、無念の思いでいる。
エ 昔の武将たちの、勇敢な戦いぶりに感激している。

2 次の文章を読んで、あとの問いに答えなさい。〔福島―改〕

とかくして、越え行くままに（そんなふうにして、白河の関を越えていくうちに）、阿武隈《あぶくま》川を渡る。左に会津根《あひづね》*高く、右に岩城《いはき》・相馬《さうま》・三春《みはる》の庄（地方）、常陸《ひたち》*・下野《しもつけ》*の地をさかひて（境をなして）山つらなる。影沼《かげぬま》*といふ所を行くに（通ったが）、今日は空曇りて物影うつらず。

須賀《すか》川の駅に（宿駅に）等窮《とうきゆう》*といふものを訪ねて、四五日とどめらる（ひきとめられた）。先《ま》づ、ⓐ「白河《しらかは》の関いかに越えつるや（どのように越えましたか）。」と問ふ。「長途《ちやうど》の苦しみ、身《じん》心《しん》つかれ（長い旅路の苦しさで、身も心も疲れていた上に）、かつは（また一方では）風景に魂うばはれ（すっかり心を奪われ）、懐旧《くわいきう》に腸《はらわた》を断ちて（白河の関にゆかりのある昔の人や故事を思う気持ちにせまられて）、はかばかしう（思うように）思ひめぐらさず（に句を作ることもできませんでした）。

ⓑ風流の初《はじめ》やおくの田植うた

無下《むげ》に越えんもさすがに（全然何もよまずに白河の関を越えるのもやはり残念なので）と語れば、脇《わき》*・第三とつづけて、三巻となしぬ（三巻の連句ができあがった）。

（松尾芭蕉「おくのほそ道」）

*会津根＝磐梯山《ばんだいさん》。　*常陸＝今の茨城《いばらき》県。　*下野＝今の栃木《とちぎ》県。

*影沼＝沼の名前。　*等窮＝俳人で芭蕉の友人。

*脇・第三＝連句において、発句(五・七・五)につける七・七の句を脇、その次のつける五・七・五の句を第三という。

□ (1) 〔仮名遣い〕＝＝線部「思ひめぐらさず」を現代仮名遣いに直し、ひらがなで書きなさい。（8点）

（　　　　）

□ (2) 〔会話文〕――線部ⓐ『「白河の関いかに越えつるや。」と問ふ』とあるが、等窮のこの問いかけに対する芭蕉の返答はどこまでか。文中から終わりの五字を抜き出しなさい。（8点）

(3) ――線部ⓑ「風流の初やおくの田植うた」についての次の各問いに答えなさい。

□ ① 〔季　語〕この句の**X**季語を抜き出し、**Y**その季節を書きなさい。（6点×2）　**X**（　　　　）　**Y**（　　　　）

□ ② 〔表現技法〕「風流の初や」の「や」を何というか、書きなさい。（6点）

（　　　　）

□ (4) 〔心情理解〕芭蕉が、白河の関を越えたときの心情を説明した文として、最も適切なものを次の**ア**～**エ**から選び、記号で答えなさい。（8点）

（　　　　）

ア ようやく白河の関を越えることができたよろこびのなか、須賀川で等窮と会えることへの期待をふくらませていた。

イ 長い旅路で体が疲れていたために、あたりの風景のすばらしさを楽しむ余裕もなく、句を作る気持ちも起こらなかった。

ウ かつて白河の関を越えていった友人をなつかしむ気持ちから、その友人とまた会いたいという強い思いを抱いた。

エ 白河の関を越えたという思いをしみじみと味わいながら、白河の関をよんだ昔の人へのなつかしさをつのらせていた。

□ (5) 〔文学史〕松尾芭蕉の句を次の**ア**～**エ**から選び、記号で答えなさい。（8点）

（　　　　）

ア 閑《しづ》かさや岩にしみ入る蟬《せみ》の声

イ さみだれや大河を前に家二軒

ウ 我と来て遊べや親のない雀《すずめ》

エ 梅一輪一輪ほどの暖かさ

13 時間目

和歌の鑑賞

入試重要度 A **B** C

入試攻略Points

❶ 現代文で書かれた和歌の鑑賞文に慣れよう。
❷ 和歌の内容を正しくとらえよう。

解答 別冊13ページ

時間 30分　合格点 80点

得点　　点

1 **次の文章を読んで、あとの問いに答えなさい。**〔滋賀―改〕

ⓐ

万葉の春は、雪降る日の梅の花からひらいていく。

梅の花咲けるがなかに①ふふめるは恋《こひ》か隠《こも》れる雪を待つとか

茨田王《まんたのおおきみ》の歌。孝謙《こうけん》天皇の天平勝宝《てんぴょうしょうほう》五年(七五三)の正月、石上宅嗣《いそのかみのやかつぐ》の家で宴会があったときの歌である。

梅の花が咲いている中に、まだつぼみのままでいる花がある。そのつぼみの中には、②恋の心を隠しているのであろうか。それとも、雪の降るのを待っているのであろうか。

その雪は春の雪である。〝恋か隠れる〟のその恋は、春を恋いわびる心でもあろう。

はじめて、この歌を読んだとき、なんとハイセンスな歌であろうと、目をみはった。

このパーティーのあるじ、石上宅嗣は漢詩の作者としても有名。たくさんの図書を蔵して、その書庫、芸亭《うんてい》は、わが国の図書館のはじめといわれる。

茨田王は中務《なかつかさ》省の次官をしていた人だが、きっと宅嗣の文学友達であったにちがいない。この歌にも、なにか*閑雅な漢詩の風合いがある。

春もさかりのころになれば、大伴家持《おおとものやかもち》作のこのあでやかな歌を忘れるわけにはいかない。

春の③苑《その》紅にほふ桃の花下《した》照る道に出《い》で立つ娘子《をとめ》

春の盛りの夕暮れ。庭園には今、桃の花が咲きほこっている。花のまわりの空気も淡紅色に染まるばかり。木の下にたたずむおとめも、また全身を桃の花のいろに染め、ほのかに④かがやいている。

*詞書《ことばがき》によると、この歌は、〝天平勝宝二年(七五〇)三月一日の暮《ゆふへ》〟に作られている。家持の*越中守《えっちゅうのかみ》時代の歌である。二十九歳のとき、彼は都を遠く離れ、今の高岡《たかおか》市にあった越中国庁のあるじとなった。慣れぬ北国でのさびしい暮らしであった。だが、彼は心をはげまし、よき地方官になろうとつとめ、たびたび領内巡視もしている。

ⓑ

A 〝紅にほふ桃の花〟の下かげに立つおとめは、巡視のとき、彼の見た実景であろうか。B これは*自然詠であるとともに、濃い恋のイメージも持つ歌である。

やはり、越中守時代の歌で、これも巡視の途中に見かけた実景と思われるものがある。C

*もののふの八十娘子《やそをとめ》らが汲《く》み乱《まが》ふ⑤寺井《てらゐ》の上《うへ》の堅香子《かたかご》の花

〝堅香子〟は、かたくりの花と呼ばれている花で、春、茎の頂上にただひとつ、紅紫色の六弁の花をひらく。

たくさんの少女たちが笑いさざめきながら、入り乱れて、お寺の井戸の水を汲んでいる。D 色とりどりの*裳裾《もすそ》のあたりに、群れ咲く堅香子の可憐《かれん》な花よ。

この歌を読み直すたびに、⑥なんと明るい美しい歌だろうと思う。おとめたちの衣裳《いしょう》の色、かたくりの花の色、水桶《みずおけ》の中にあふれる春の光、おとめたちの頰《ほお》のつや、そして、彼女たちのおしゃべりと笑い声。小鳥の声も、それにまじろう。天然色の映画を見るような、光と色彩にみちた歌である。

（清川妙《きよかわたえ》「清川妙の萬葉集《まんようしゅう》」）

*閑雅な＝しとやかで優美な。　*詞書＝和歌の前書き。
*越中守＝今の富山県にあたる越中の国の長官。
*自然詠＝自然を詠《よ》んだ歌。
*もののふの＝「八十」を導き出すのに用いられている。
*裳裾＝衣のすそ。

□ (1) 【内容理解】――線部①「ふふめる」の意味を、「ということ。」につながるように、ⓐの文中から十字以内で抜き出しなさい。(12点)

□□□□□□□□□□ ということ。

□ (2) 【表現技法】――線部②「恋の心を……いるのであろうか」には、「梅が隠している、待っている」というように、梅を人に見立てた表現技法が使われているが、これと同じ表現技法が使われている句を、次のア～エから選び、記号で答えなさい。(12点)（　　）

ア　手をついて歌申し上ぐる蛙《かはづ》かな
イ　日暮れたり三井寺《みゐでら》おりる春の人
ウ　夏山や一足づつに海見ゆる
エ　名月や児《ちご》立ちならぶ堂の縁

□ (3) 【脱文挿入】次の一文は文中のどこに入れるのが最も適当か。A～Dから一つ選び、A～Dの記号で答えなさい。(12点)

しかし、彼の詩境はその実景を越えて、夢幻の世界に遊んでいるようである。（　　）

□ (4) 【仮名遣い】～～線部③「紅にほふ桃の花」・⑤「寺井の上の堅香子の花」を現代仮名遣いに直し、ひらがなで書きなさい。(10点×2)

③（　　）
⑤（　　）

□ (5) 【動作主】――線部④「かがやいている」の主語は何か。文中から一文節で抜き出しなさい。(12点)（　　）

差がつく
□ (6) 【内容理解】――線部⑥について、筆者が「明るい美しい歌」だと考えているのはどのようなことからか。「この歌が、」に続けて、四十字以内で書きなさい。(20点)

この歌が、

★重要
□ (7) 【内容理解】ⓐ・ⓑはいずれも春を詠んだ歌についての文章である。本文の内容と合うものを次のア～エから選び、記号で答えなさい。(12点)（　　）

ア　ⓐの歌一首は、春の到来を論理的に表した歌である。ⓑの歌二首は、春の盛りの美しさを祝福した歌である。
イ　ⓐの歌一首は、春を迎えるはかなさを表した歌である。ⓑの歌二首は、春らんまんの喜びを表した歌である。
ウ　ⓐの歌一首は、春を待ちわびる心を表した歌である。ⓑの歌二首は、春の盛りに無常を深く感じた歌である。
エ　ⓐの歌一首は、春のはじまりを繊細に表した歌である。ⓑの歌二首は、春らんまんの感動を表した歌である。

14 時間目

入試重要度 A **B** C

漢文の基礎

入試攻略Points

❶訓点のつけ方・読み方に慣れよう。
❷訓読の決まりをおさえよう。

解答
別冊15ページ

時間 30分　合格点 80点

得点　　点

1 次の文章を読んで、あとの問いに答えなさい。〔兵庫―改〕

昔、陽《やう》明《めい》先生《ノ》居《ニ》群弟子侍《はベル》。一初来《ノ》学士《来たばかりの学生》、蓋《けだシ》《たぶん》愚《ぐ》騃《がいノ》《愚かな》人也《なり》。乍《たちまチ》《しばらく》①聞《クモ》三先生《ノ》論《ズルヲ》二良知《ヲ》一、不《ず》レ解《セ》。卒然《トシテ》起《コシテ》レ問《ヲ》曰《いハク》、「良知《ハ》何物《ナリヤ》。黒耶《か》、白耶《ト》。」群弟子啞《あ》然《ぜんトシテ》②失笑《ス》。士《ハ》慙《はヂテ》而赧《あかラメリ》。先生徐《おもむロニ》語《つゲテ》曰《ハク》、「良知《ハ》③非《あらズシテ》レ黒《ニ》非《ズ》レ白《ニ》、④其《その》色赤也《ト》。」

（耿定向《こうていこう》「権子《けんし》」）

□(1) 〔内容理解〕――線部①「聞《クモ》三先生《ノ》論《ズルヲ》二良知《ヲ》一、不レ解《セ》」の説明として最も適切なものを次のア～エから選び、記号で答えなさい。(9点)（　　）

ア　来たばかりの学生は、人の知性についての先生の説明を聞いても、それがどういうものか全くわからなかった。
イ　先生の知性のすばらしさについて、弟子たちが言い合っているのを聞いても、来たばかりの学生は納得できなかった。
ウ　先生の知性についての弟子たちの議論を聞いても、来たばかりの学生の疑問は解決しなかった。
エ　来たばかりの学生は、先生が人物について論じるのを聞いても、その人物の知性のほどが理解できなかった。

□(2) 〔内容理解〕――線部②「失笑《ス》」の説明として最も適切なものを次のア～エから選び、記号で答えなさい。(9点)（　　）

ア　小さな問題にとらわれて、本質を見ようとしない愚かさをばかにして笑った。
イ　先生に対する、己の立場をわきまえない非礼な質問にあきれて笑うのをやめた。
ウ　自らの無知をさらけだすような的外れな質問に、笑いをこらえられなかった。
エ　ばかにされないように虚勢を張って平静をよそおう様子に、笑いをかみ殺した。

★重要
□(3) 〔書き下し文〕――線部③「非《ズシテ》レ黒《ニ》非《ズ》レ白《ニ》」を書き下し文に直しなさい。(8点)

（　　）

□(4) 〔内容理解〕――線部④「其《ノ》色赤也《ト》」とあるが、この言葉で陽明先生が伝えようとしたことを説明した次の文の A ・ B にあてはまる言葉を書きなさい。ただし、 A は三字の言葉を書き、 B は適切な言葉を文中から抜き出しなさい。(9点×2)

A［　　　］　B（　　）

自分の行いを自ら率直に A ことができるのは、 B の表れなのである。

2 **次の文章を読んで、あとの問いに答えなさい。**〔群馬—改〕

桓車騎《くわんしやき》、新衣を箸《き》るを好まず。浴後、婦、故《ことさら》に、①新衣を送りて与ふ。車騎、大いに怒り、催《うなが》して持ち去らしむ。婦、②更に持ち還《かへ》らしめ、伝語して云《い》ふ、「衣、新を経ざれば、何に由《よ》りて故《こ》ならん。」と。桓公、③大いに笑ひて之《これ》を箸る。

（婦、故に＝妻は、わざと／催して持ち去らしむ＝急いで持ち去らせた／何に由りて故ならん＝どうして古くなるでしょう）

（劉義慶《りゅうぎけい》「世説新語《せせつしんご》」）

★重要

□(1) **〔返り点〕** ——線部①「新衣を送りて与ふ」は、漢文では「送新衣与」と書く。この漢文に返り点をつけなさい。（8点）

送 新 衣 与

□(2) **〔内容理解〕** ——線部②「更に持ち還らしめ」とあるが、「婦」が「桓車騎」のところに、もう一度持って行かせたものは何か。文中から抜き出しなさい。（9点）
（　　　）

□(3) **〔理由説明〕** ——線部③「大いに笑ひて之を箸る」とあるが、桓車騎がこのような行動をとった理由として最も適切なものを次のア～エから選び、記号で答えなさい。（12点）（　　　）

ア 新しい着物を自分に着てもらおうと様々な工夫をする妻の行動が、ほほえましかったから。

イ 古い着物の良さに気づき新しい着物を処分してくれた妻の気配りが、とてもありがたかったから。

ウ 新しい着物を着たくない理由が理解できないと繰り返し訴える妻に、とうとう根負けしてしまったから。

エ どのような着物でも最初から古いことはあり得ないという妻の理屈が、もっともだと思ったから。

---

3 **次の漢文と解説文を読んで、あとの問いに答えなさい。**〔兵庫〕

子曰《しい》はく、「三人行けば、必ず我が師有り。其《そ》の善なる者を択《えら》びて之《これ》に従ひ、その不善なる者にして之を改む。」と。

子曰《ハク》、「三人行《ケバ》、①必有㆓我師㆒焉。択《ビテ》㆓其《ノ》善《ナル》者《ヲ》㆒而従《ヒ》㆑②之《ニ》、其《ノ》③不善《ナル》者《ニシテ》而改《ムト》㆑之《ヲ》。」（「論語《ろんご》」）

〔解説文〕

「三人行、必有我師焉。」は、「三人が連れだっていくと、その中にきっと自分の師がいる。」と現代語訳される。孔子はこの言葉をあげて、人生の師は社会のどこにでもいると説く。つまり善者だけでなく、不善者もまた、自分の成長に役立つ師とすることができるというのである。

□(1) **〔漢文のきまり〕** ——線部①「必有㆓我師㆒焉」を訓読するとき、読まない漢字がある。その漢字を抜き出しなさい。（8点）（　　　）

□(2) **〔指示語〕** ——線部②「之」が指している言葉として適切なものを次のア～エから選び、記号で答えなさい。（7点）（　　　）

ア 三人　**イ** 我　**ウ** 善者　**エ** 不善者

★重要

□(3) **〔内容理解〕** **〔解説文〕**を参考に——線部③「不善《ナル》者《ニシテ》而改《ムト》㆑之《ヲ》」とはどうすることか、三十字以内で書きなさい。（12点）

15 時間目

漢詩の基礎

入試重要度 A B **C**

入試攻略Points
❶漢詩の形式の違いを理解しよう。
❷詩の題も参考に主題や心情を読み取ろう。

解答 別冊16ページ

時間 30分　合格点 80点

得点　　点

1 **次の漢詩を読んで、あとの問いに答えなさい。**〔沖縄〕

早《つと》に白帝城を発す　李白
朝《あした》に辞す①白帝彩雲の間
②千里の江陵一日にして還《かえ》る
両岸の猿声啼《な》いて住《や》まざるに
軽舟已《すで》に過ぐ万重《ばんちょう》の山

早ニ発二ス白帝城一ヲ　李白
朝ニ辞ス白帝彩雲ノ間
千里ノ江陵一日ニシテ還ル
両岸ノ猿声啼イテ不レ住マルニ
軽舟已ニ過グ万重ノ山

〔大意〕
早朝に朝焼け雲の美しい雲間に見える白帝城を辞し、はるか千里はなれた江陵まで長江の急流を下り、一日で着いた。長江の両岸で鳴く猿の声がやまないうちに、軽やかな小舟は、幾重にも重なっている山々を一気に通り過ぎていった。（唐詩選《とうしせん》）

★重要
□(1)〔形　式〕この漢詩の形式として最も適切なものを次の**ア**～**エ**から選び、記号で答えなさい。（8点）（　　）
ア 五言絶句　**イ** 七言絶句
ウ 五言律詩　**エ** 七言律詩

□(2)〔語　意〕——線部①「辞す」の意味として最も適切なものを次の**ア**～**エ**から選び、記号で答えなさい。（8点）（　　）
ア 言葉を述べる　**イ** 出世を断る
ウ 別れを告げる　**エ** 仕事を辞める

□(3)〔語　意〕——線部②「千里」と対比的に用いられている語句を詩中から抜き出して書きなさい。（8点）（　　）

□(4)〔鑑　賞〕次の文章はこの漢詩の鑑賞文である。A・Bにあてはまる適切な語句をそれぞれあとの**ア**～**エ**から選び、記号で答えなさい。（6点×2）
A（　　）B（　　）

起句は「白帝城」の白と「彩雲」の赤を対比させ、Aを高めている。また、朝の空気の清澄さも感じさせる。承句は白帝城から江陵までを急流に乗って豪快に一日で下った舟旅の様子を描いている。さらに、転句の「猿声」で聴覚に訴え、結句は、「軽舟」と「万重山」を対比させている。これらの描写は舟旅の軽快さと、後ろへ流れていく岸の動きをも感じさせるもので、スピード感とBをうたい上げている。

ア 躍動感　**イ** 季節感　**ウ** 悲壮感　**エ** 色彩感

2 **次の李白《りはく》の漢詩を読んで、あとの問いに答えなさい。**〔秋田〕

X 汪倫《おうりん》*に贈る
李白舟に乗つて将《まさ》*に行かんと欲す
忽《たちま》ち聞く岸上踏歌*の声
桃花潭《たん》*水深さ千尺
及ばず汪倫我を送るの情に

李白乗レ舟将レ欲レ行
忽チ聞ク岸上踏歌ノ声
桃花潭水深サ千尺
不レ及バ汪倫送レルノ我ヲ情ニ

*汪倫＝李白の友人の名前。　*将に＝今にも。
*踏歌＝足で地を踏んで調子を取って歌うこと。またその歌。
*桃花潭＝川の名前。潭は水が深くよどむところ。

Y　*黄鶴楼《くわうかくろう》にて*孟浩然《まうかうねん》の広陵に之《ゆ》くを送る

故人西のかた黄鶴楼を辞し
煙花三月*揚州《やうしう》に下る
孤帆の遠影碧空《へきくう》に尽き
*惟《た》だ見る長江の*天際に流るるを

故人西ノカタ辞シ二黄鶴楼ヲ一
煙花三月下ル二揚州ニ一
孤帆ノ遠影碧空ニ尽キ
惟ダ見ル長江ノ天際ニ流ルルヲ

*黄鶴楼＝長江のほとりにあった高い建物。
*孟浩然＝詩人。李白の友人。
*揚州＝長江下流の都市。広陵のこと。
*惟＝「唯」と表記される場合もある。　*天際＝空の果て。

□(1)〔**形　式**〕**X・Y**に共通する漢詩の形式を、漢字四字で書きなさい。（8点）

□□□□

★重要

□(2)〔**送り仮名・返り点**〕**X**の――線部「李白乗舟将欲行」に、返り点と送り仮名を補うとき、書き下し文を参考にして、解答欄の□に返り点を、（　）に送り仮名を書きなさい。（完答12点）

李　白　乗（　）□　舟（　）　将ニ　欲（　）□　行（　）

□(3)〔**表現技法**〕**X・Y**の書き下し文に共通して見られる表現技法を、次の**ア**～**エ**から選び、記号で答えなさい。（8点）（　　）

ア 対句法　**イ** 反復法　**ウ** 倒置法　**エ** 体言止め

差がつく

(4)〔**内容理解**〕次の表は**X・Y**の漢詩を比較して、まとめたものである。あとの問いに答えなさい。

項目＼題	汪倫に贈る	黄鶴楼にて孟浩然の広陵に之くを送る
立場	李白が**A**立場	李白が**B**立場
情景	舟が出ようとすると、岸辺から急に、汪倫の声かけで集まった村人たちの歌声が聞こえてくる	花咲き霞《かすみ》たなびく三月、友の乗った一艘《そう》の舟の帆が**C**、青空の中に消えていく
感動の中心	桃花潭の水深に比べて**D**に対する感謝の思い	長江の広がりと、それによって際立つ言いようのない孤独感

□①　**X・Y**の漢詩は、ともに「送別」をテーマによんだものである。作者の立場の違いが明確になるように、表の**A**・**B**に適する語句を、それぞれ五字以内で書きなさい。（8点×2）

A □□□□□

B □□□□□

□②　表の**C**に適する内容を、十字以内で書きなさい。（10点）

□□□□□□□□□□

□③　表の**D**に適する内容を、作者が何に感動したかが分かるように、十五字以内で書きなさい。（10点）

□□□□□□□□□□□□□□□

総仕上げテスト①

解答 別冊17ページ

時間 45分　合格点 80点

得点　　点

1 次の文章は、「自慢するは下手芸といふこと」という話の後半部分である。**これを読んで、あとの問いに答えなさい。**〔鹿児島〕

ある者座敷を立てて絵を描《か》かする。白鷺《しらさぎ》の＊一色《いっしき》を望む。絵描き、「心得たり《承知しました》。」とて＊焼筆《やきふで》をあつる《作って》。亭主《主人》のいはく、「いづれもよささうなれども《どれも一見よくできている／けれども》、この白鷺の飛びあがりたる、□がかやう《このよう》では飛ばれまい。」と言ふ。絵描きのいはく、「いやいやこの飛び様《やう》が第一の出来物ぢや《もっともすばらしいところなのだ》。」と言ふうちに、本《ほん》《本物の》の白鷺が四五羽うちつれて飛ぶ。亭主これを見て、「あれ見給へ。あのやうに描きたいものぢや。」と言へば、絵描きこれを見て、「いやいやあの羽づかひで《あの羽の使い方では》はあつてこそ、それがし《私》が描いたやうにはえ飛ぶまい《飛ぶことはできまい》。」と言ふた。

（浅井了意《あさいりょうい》「浮世《うきよ》物語」）

＊一色＝他のものを交えないこと。ここでは白鷺だけを描いた絵の意。
＊焼筆＝柳など細長い木の端を焼きこがして作った筆。

□ (1) ══線部「いづれもよささうなれども」を現代仮名遣いに直し、ひらがなで書きなさい。（5点）

（　　　　　）

□ (2) □にあてはまる言葉を、文中から四字で抜き出しなさい。（6点）

□□□□

□ (3) ──線部「あのやうに描きたいものぢや」とは、どのように描いてもらいたいというのか。「……ように描いてもらいたい。」に続くような形で具体的に書きなさい。（8点）

（　　　　　）ように描いてもらいたい。

□ (4) 本文の内容と合うものを次の**ア**～**エ**から選び、記号で答えなさい。（8点）（　　）

ア 絵描きは、絵を頼んだ主人が納得する白鷺の絵を上手に描いた。

イ 絵描きは、主人に依頼された白鷺の絵を本物を見ながら描いた。

ウ 主人は、絵描きに描いてもらった白鷺の絵に満足できなかった。

エ 主人は、白鷺の絵を上手に描いてもらうために本物を飛ばした。

□ (5) 次は、本文についての授業の一場面である。a・bにあてはまる適切な言葉を補いなさい。ただし、aは文中から十五字以内で抜き出し、bは自分の言葉で答えること。（8点×2）

先　生「では、この話のおもしろさについて考えてみましょう。本文中に何か手がかりはありませんか。A君、どう？」

生徒A「僕ですか。ええと、『a』と自信たっぷりに言っているところが、手がかりになると思います。」

先生「なるほど、ここはぜひ押さえたい大切な表現ですね。絵描きの言葉には注意が必要です。ほかはどうですか。」

生徒B「はい。最後にある『それがしが描いたやうにはえ飛ぶまい。』というところも大切だと思います。」

先生「そうですね。この表現からは、負け惜しみの強い絵描きの様子が伝わってくるようですね。それでは、Cさん。これまでの発表をもとにまとめてみてください。」

生徒C「はい。この話のおもしろさは、絵描きが［b］と言い張っているところだと思います。」

a［　　　　　　　　　　　　　］

b（　　　　　　　　　　　　　）

2 次は、「はいる」という詞《ことば》について書かれた文章と、その文中にある漢文の書き下し文である。**これを読んで、あとの問いに答えなさい。**〔埼玉〕

或《ある》人いふ、はいるといふは這《は》ひ入るなり。されば客来る時、主人の御《お》はいりあれといふは礼の詞なり。己が家のひきくせばくて（低くて狭いので）身もいれがたければ①はひいりたまへといふことなり。客の方よりはいるべしといふは②無礼の詞なるべしとなり。*嘘楽麿《えらぎまろ》

按《あん》ずるに（考えるには）、論語いふ、入《ルニ》二公門《ニ》一、鞠《きく》躬《きゅう》如《タリ》也。③如《ごとシ》不《ざルガ》容《いレラレ》。是《これ》をもって見れば、門戸広しといへども、敬屈してせばきがごとくはひいるべし、と④客の方よりいふも礼の詞なるべし。（小野高尚《おののたかひさ》「夏山雑談《なつやまざつだん》」）

*嘘楽麿＝この文章の語り手の自称。

［書き下し文］

公門に入るに、鞠躬如たり。容れられざるがごとし。（王宮の門に入るときは、まりのように身をかがめる。おそれつつしんで入ることができないような様子である）

□(1) ——線部①「はひいりたまへ」を現代仮名遣いに直し、ひらがなで書きなさい。(5点)

（　　　　　）

□(2) ——線部②「無礼の詞なるべし」とありますが、これはだれの考えですか。最も適切なものを、次の**ア**〜**エ**から選び、記号で答えなさい。(8点)

ア 或人　**イ** 客　**ウ** 主人　**エ** 嘘楽麿

（　　　）

□(3) ——線部③「如《ごとシ》不《ざルガ》容《いレラレ》」とあるが、この部分に返り点を補ったものとして最も適切なものを、書き下し文を参考に、次の**ア**〜**エ**から選び、記号で答えなさい。(8点)

ア 如二不レ容一　**イ** 如レ不レ容　**ウ** 如二不一容　**エ** 如レ不二容一

（　　　）

□ (4) ――線部④「客の方よりいふも礼の詞なるべし」とあるが、文中でそのように考えられている理由として最も適切なものを次の**ア**～**エ**から選び、記号で答えなさい。(10点)（　　）

ア この詞には、どんな家でも王宮の門より低くて狭い、という意味が含まれているから。

イ この詞には、家の入り口が狭くて入りにくい、という意味がこめられているから。

ウ この詞には、おそれ多くて堂々と入りにくい、という意味がこめられているから。

エ この詞は、主人が用いるよりも、招かれた客が用いる方がふさわしい詞だから。

3 次の漢文**A**とそれについての古文による解説**B**を読んで、あとの問いに答えなさい。〔岩手―改〕

A 心ノ不同ハ如《ごと》シレ面《おもて》ノ。譬《たと》ヘバ如シ二①水ノ随《したが》フガレ器《モノ》ニ。

B 人のかほといふものは、千万人あつめてもおなじおもてをもちたるものはなきなり。人のこころも、②そのごとくに、千万人の中にもおなじやうなる心をもちたるものは、なきものなり。それを、おもての不同なるにたとへたり。また、水のうつはものにしたがふにたとふ。水は、きはめてやはらかなるゆゑ、方円のうつはものにしたがふとて、すみあるにいるれば、すみあり。まろきにいるればまろくなれり。人のこころも水のうつはものにしたがふがごとくなり。

（恵空《えくう》「童子教諺解《どうじきょうげんかい》」）

□ (1) ――線部②「そのごとくに」は「それと同じように」という意味だが、「その」が指しているものを漢文**A**から漢字一字で抜き出しなさい。(5点)

□ (2) ＝＝線部「うつはもの」を現代仮名遣いに直し、ひらがなで書きなさい。(5点)（　　）

□ (3) ――線部①「水ノ随フガレ器《モノ》ニ」は「水は容器の形どおりになる」という意味であるが、なぜ水はそのようになるのか。その理由を述べている部分を、古文による解説**B**の文中から十五字で抜き出しなさい。ただし、句読点等も字数に含める。(8点)

□ (4) 古文による解説**B**の内容に合うものを次の**ア**～**エ**から選び、記号で答えなさい。(8点)（　　）

ア 人の心には大きな差がなく、また、周囲の影響を受けやすいものである。

イ 人の心はそれぞれ異なり、また、世の中の影響を受けにくいものである。

ウ 人の心には大きな差がなく、また、環境による変化も少ないものである。

エ 人の心はそれぞれ異なり、また、状況に応じて変化しやすいものである。

総仕上げテスト ②

解答 別冊 19 ページ

時間 45分　合格点 80点

得点　　点

1 **次の文章を読んで、あとの問いに答えなさい。**〔福井―改〕

上野国《かうづけのくに》（現在の群馬県）の士人《しじん》（さむらい）の家に秘蔵の皿二十枚有りし（あった）。もし①是《これ》を破《わ》る者あらば（ならば）一命を取るべし（奪おう）と、世々いひ伝ふ。然《しか》るに、一婢《いちひ》（使用人の女）あやまちて一枚を破りしかば（割ったので）、合家《がうけ》（家中）みなおどろき②悲しむを、裏に米を舂《うすづ》く男（棒で米をついて殻を取る使用人の男）これを聞きつけて、「わが家に秘薬ありて、破れたる陶器《すゑもの》を継ぐ（くっつける）に跡も見えず、先《まづ》その皿を見せ給へ。」といふに（ると）、皆③色を直してその男を呼んで見せしに、二十枚をかさねてつくづく見るふりして、持ちたる杵《きね》（米をつくための木製の棒）にて微塵《みぢん》にⓐ砕きたり。人々これは如何《いか》にとあきれたれば（どうしたことかと驚いたところ）、笑ひて④いふ、一枚破りたるも二十枚破りたるも、同じく一命をめさるるなれば、皆わが破りたると主人に仰《おほ》せられよ（おっしゃられよ）。この皿陶器なれば一々《いちいち》破るる期《ご》有るべし（時があるに違いない）、然らば二十人の命にかかるを、我一人の命をもてつくのふべし（つぐないましょう）、継ぐべき秘薬有りとⓑいひしは偽《いつはり》にて、かくせんがためなりと（このようにするためである）、一寸《ちよつと》もたじろがず主人の帰りをⓒ待ちたるに、主人帰りてこの子細《しさい》（事情）を聞きて、⑤その義勇（正義の心から発する勇気）を甚だ感じ、城主へⓓ申して（推薦して）士《さむらひ》に取りたてられたりしが（取り立てなさったのだが）、はたして廉《れん》吏《り》となりしとかや（心の清らかな役人だったということだ）。

（伴蒿蹊《ばんこうけい》「閑田耕筆《かんでんこうひつ》」）

□ (1) ══線部「いひ伝ふ」を現代仮名遣いに直して書きなさい。ただし、漢字はそのまま使用すること。（5点）

（　　　）

□ (2) 〰〰線部ⓐ〜ⓓのうち、主語が他と異なるものを次の**ア**〜**エ**から選び、記号で答えなさい。（6点）

ア 持ちたる杵にて微塵にⓐ砕きたり。

イ 継ぐべき秘薬有りとⓑいひしは偽にて、……

ウ 一寸もたじろがず主人の帰りをⓒ待ちたるに、……

エ 城主へⓓ申して士に取り立てられたりしが、……

（　　　）

□ (3) ──線部①「是」とは何のことか。文中から一字で抜き出しなさい。（5点）

（　　　）

□ (4) ──線部②「悲しむ」とあるが、なぜか。その理由を書きなさい。（10点）

（　　　）

□ (5) ──線部③「色を直して」の意味として最も適切なものを次の**ア**〜**エ**から選び、記号で答えなさい。（7点）

ア 落ち着きを取り戻して

イ 緊張した表情で

ウ 嘆き悲しんで

エ 慌てふためいて

（　　　）

□ (6) ——線部④「いふ」が指す会話の部分の終わりとして最も適切なものを次の**ア〜エ**から選び、記号で答えなさい。（6点）　（　　）

ア わが破りたる　**イ** 仰せられよ
ウ つくのふべし　**エ** かくせんがためなり

□ (7) ——線部⑤「その義勇を甚だ感じ」とあるが、主人が感心したのはなぜか。四十字以内で書きなさい。（10点）

[　　　　　　　　　　　　　　　　　　　　]

2 次の文は、故郷である都を離れ、二か月あまり鎌倉《かまくら》に滞在している筆者が、渡り鳥を眺めて和歌を詠《よ》んだ場面である。**よく読んで、あとの問いに答えなさい。**〔山口〕

①聞《きき》なれし虫の音《ね》も漸《やうやう》よはり果て（次第に消え果てていき）、松吹《ふく》峰の嵐のみぞいとどはげしくなりまさる（松を吹き下ろす山頂からの強い風だけがますますはげしくなっていく）。懐土の心（故郷を恋しく思う心）に催されて、つくづくと都の方をながめやる折しも（そのとき）、一行《ひとつら》（一列に連なる）の雁《かり》*がね雲にきえ行《ゆく》も哀《あはれ》なり。

帰るべき春を②たのむ③雁がねも（春には再び故郷に帰ることを頼みにして田の面の雁がねも）啼《なき》*てや旅の空に出《い》でにし（出たのであろうか）

（「東関紀行《とうかんきこう》」）

*雁がね＝雁。渡り鳥の一種。　*啼＝「鳴」と同じ。

□ (1) ——線部②「たのむ」には、「頼む」と「田の面《も》」のなまった「たのむ」の両方の意味が含まれている。このような和歌の修辞法（表現技法）を何というか。次の**ア〜エ**から選び、記号で答えなさい。（5点）　（　　）

ア 序詞　**イ** 枕詞　**ウ** 掛詞　**エ** 係り結び

□ (2) ——線部①「聞なれし虫の音も漸よはり果て、松吹峰の嵐のみぞいとどはげしくなりまさる」とあるが、この部分で表現されていることとして最も適切なものを次の**ア〜エ**から選び、記号で答えなさい。（7点）　（　　）

ア 風が強まる春の始まり
イ 草木が生い茂る初夏
ウ 虫の音が響く秋の盛り
エ 寒くて厳しい冬の到来

□ (3) ——線部③「雁がね」に、筆者は自分のどのような心情を重ねているか。次の文がそれを説明したものとなるよう、[　　]にあてはまる適切な内容を、十五字以内の現代語で書きなさい。（10点）

[　　　　　　　　　　　　　　　]

> 雁がねと同じように自分も故郷から遠い地にいるため、[　　　　]としみじみ感じている。

3 次の書き下し文と漢詩を読んで、あとの問いに答えなさい。

漢詩は返り点を一部省略したところがある。〔兵庫—改〕

[書き下し文]

*北固山《ほくこさん》下に次《やど》る（宿泊する）　*王湾《わうわん》

客路（旅路）青山の外　行舟（自分が乗って進んでいく船）[A]の前

潮平らかにして両岸闊《ひろ》く（川面は平らにゆったりと流れて両岸（の間）は広く）　[B]正しうして一帆懸かる（一つ帆が揚がる）

海日残夜に生じ（海上の朝日はまだ夜のうちに昇り）　江春旧年に入る（長江の春は年の明けない旧年のうちにくる）

郷書《きやうしよ》何れの処《ところ》にか達せん　帰《き》*雁洛陽《がんらくやう》の辺《ほとり》

[漢詩]

次ル㆓北固山下ニ㆒　王湾

客路青山ノ外　行舟[A]ノ前

潮平ラカニシテ両岸闊ク　[B]正シウシテ一帆懸カル

①海日生ジ残夜ニ　江春入ル旧年ニ

②郷書何レノ処ニカ達セン　帰雁洛陽ノ辺

〔唐詩選《とうしせん》〕

*北固山＝長江下流にある山。　*王湾＝唐の詩人。洛陽の人。

*雁＝渡り鳥の一種。当時、手紙を運ぶものとされていた。

□(1) この漢詩の形式として最も適切なものを次のア〜エから選び、記号で答えなさい。（5点）　（　　）

ア 五言律詩　イ 五言絶句

ウ 七言律詩　エ 七言絶句

□(2) 書き下し文の読み方になるように、——線部①に返り点を付けなさい。（6点）

海 日 生ジ 残 夜ニ

□(3) [A]・[B]にあてはまる言葉の組み合わせとして最も適切なものを次のア〜エから選び、記号で答えなさい。（8点）　（　　）

ア A 紅山　B 水

イ A 緑水　B 風

ウ A 江岸　B 月

エ A 客舎　B 道

□(4) ——線部②に表現されている作者の心情の説明として最も適切なものを次のア〜エから選び、記号で答えなさい。（10点）　（　　）

ア 北方の洛陽から渡ってきた雁の姿を見ると、故郷からの手紙はどこまできているだろうかと待ち遠しく感じる。

イ 北へ渡る雁同様、故郷に宛てた私の手紙が洛陽まで届いているだろうと思うと旅の寂しさも紛れる気がする。

ウ 北へ渡る雁が今頃洛陽のあたりを飛んでいるだろうと思うにつけ、故郷に宛てた私の手紙の行方が気がかりだ。

エ 故郷に宛てた私の手紙がもう届いているのか確かめるため、北へ渡る雁に身を変えて洛陽まで飛んでいきたい。

試験における実戦的な攻略ポイント５つ

① 問題文をよく読もう！

問題文をよく読み，意味の取り違えや読み間違いがないように注意しよう。
選択肢問題や計算問題，記述式問題など，解答の仕方もあわせて確認しよう。

② 解ける問題を確実に得点に結びつけよう！

解ける問題は必ずある。試験が始まったらまず問題全体に目を通し，自分の解けそうな問題から手をつけるようにしよう。
くれぐれも簡単な問題をやり残ししないように。

③ 答えは丁寧な字ではっきり書こう！

答えは，誰が読んでもわかる字で，はっきりと丁寧に書こう。
せっかく解けた問題が誤りと判定されることのないように注意しよう。

④ 時間配分に注意しよう！

手が止まってしまった場合，あらかじめどのくらい時間をかけるべきかを決めておこう。解けない問題にこだわりすぎて時間が足りなくなってしまわないように。

⑤ 答案は必ず見直そう！

できたと思った問題でも，誤字脱字，計算間違いなどをしているかもしれない。ケアレスミスで失点しないためにも，必ず見直しをしよう。

受験日の前日と当日の心がまえ

前日

- 前日まで根を詰めて勉強することは避け，暗記したものを確認する程度にとどめておこう。
- 夕食の前には，試験に必要なものをカバンに入れ，準備を終わらせておこう。
また，試験会場への行き方なども，前日のうちに確認しておこう。
- 夜は早めに寝るようにし，十分な睡眠をとるようにしよう。もし翌日の試験のことで緊張して眠れなくても，遅くまでスマートフォンなどを見ず，目を閉じて心身を休めることに努めよう。

当日

- 朝食はいつも通りにとり，食べ過ぎないように注意しよう。
- 再度持ち物を確認し，時間にゆとりをもって試験会場へ向かおう。
- 試験会場に着いたら早めに教室に行き，自分の席を確認しよう。また，トイレの場所も確認しておこう。
- 試験開始が近づき緊張してきたときなどは，目を閉じ，ゆっくり深呼吸しよう。

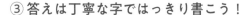

高校入試対策

古文単語 最重点 暗記カード

チェック欄 □

① あからさまなり

次の古文を現代語訳しなさい。

・この所に住み始めし時は、**あからさま**と思いしかども、……

② あはれなり

次の古文を現代語訳しなさい。

(1) (からすが)飛び急ぐさへ**あはれなり**。

(2) **あはれに**、いとほしく思ひて……

③ あやし

次の古文を現代語訳しなさい。

・この童、……**あやしき**こと、歌をぞよめる。

④ ありがたし

次の古文を現代語訳しなさい。

・ことにおきて**ありがたく**思ふさまなるほどに、……

⑤ いかが

次の古文を現代語訳しなさい。

(1) **いかが**しけむ。

(2) **いかが**他の力を借るべき。

⑥ いたづらなり

次の古文を現代語訳しなさい。

・とかく直しけれども、終《つひ》に回らで、**いたづらに**立てりけり。

⑦ いと

次の古文を現代語訳しなさい。

・雁《かり》などのつらねたるが、**いと**小さく見ゆるは、**いと**をかし。

⑧ いとほし

次の古文を現代語訳しなさい。

・「隣の主の死にたる**いとほしけれ**ば……」

⑨ いみじ

次の古文を現代語訳しなさい。

・**いみじく**嘆かしげに思ひたり。

⑩ うしろめたし

次の古文を現代語訳しなさい。

・後の世も、思ふにかなはずぞあらむかしとぞ、**うしろめたき**に、……

⑪ うたてし

次の古文を現代語訳しなさい。

・はかなく**うたてき**心なり。

① 意 味 □

❶ 急に。たちまち。

❷ ちょっと。ほんのしばらく。

《現代語訳》

・この場所に住み始めた時には、**ほんのしばらく**と思ったのだが、……

暗記カードの使い方

★ 覚えておきたい最重要古文単語を選びました。おもて面には古語と例文、うら面には代表的な意味と現代語訳をのせています。

★ ‥‥‥ 線にそって切り離し、パンチでとじ穴をあけてリングに通しておきましょう。

★ 覚えたら、□にチェックしましょう。

③ 意 味 □

〔怪し・奇し〕❶ 不思議だ ❷ 疑わしい

〔賤し〕❶ 粗末だ ❷ 身分が低い

《現代語訳》

・この子どもが、……**不思議な**ことに、歌を詠《よ》んだ。

② 意 味 □

❶ 趣深い ❷ かわいい

❸ かわいそう ❹ さびしい

《現代語訳》

(1) (からすが)飛び急ぐのまでも**趣深い**。

(2) **かわいく**、いじらしく思って……

⑤ 意 味 □

❶ どう～か・どのように～か(疑問)

❷ どうして……か、いや～ない(反語)

《現代語訳》

(1) **どう**したのだろう**か**。

(2) **どうして**他人の力を借りてよいだろう**か**。

④ 意 味 □

❶ めったにない・珍しい

❷ めったにないほど優れている

《現代語訳》

・何事にも**珍しく**思う様子であったが、……

⑦ 意 味 □

❶ たいへん・とても・非常に

❷ たいして(……ない)(下に打消を伴う)

《現代語訳》

・雁《かり》などが連なって(飛んで)いるのが、**たいへん**小さく見えるのは、**とても**風情がある。

⑥ 意 味 □

❶ 役に立たない・むだである

❷ むなしい・はかない

《現代語訳》

・あれこれと修理したが、(水車は)とうとう回らなくて、**むだに**立っていた。

⑨ 意 味 □

❶ (程度が)甚《はなは》だしい ❷ 優れている

❸ たいへんひどい

《現代語訳》

・**たいそう**嘆かわしく思った。

⑧ 意 味 □

❶ 気の毒だ・かわいそうだ

❷ かわいい・いじらしい

《現代語訳》

・「隣の主人が死んだのが**気の毒な**ので……」

⑪ 意 味 □

❶ いやだ・気に入らない

❷ つらい ❸ 情けない・気の毒だ

《現代語訳》

・愚かで**情けない**心である。

⑩ 意 味 □

❶ 心配だ・気がかりだ

❷ 油断ならない

《現代語訳》

・死後も、思うままにならないであろうよと、**気がかり**で、……

⑫ 意 味 □

❶〔愛し〕かわいい・いとしい

❷〔美し〕きれいだ・立派だ

《現代語訳》

・何もかも、小さいものは、みんな**かわいらしい**。

---

⑬ 意 味 □

❶【打消】～できない

❷【反語】～できようか、いやできない

《現代語訳》

(1) 言いたいことも言うことが**できず**、……

(2) 私が描いたようには飛ぶことは**できまい**。

---

⑭ 意 味 □

❶ はっと気がつく

❷ 目を覚ます　❸ 驚く

《現代語訳》

(1) 風の音で**はっと気がつい**たことだ。

(2) 病気の姉が**目を覚まして**……

---

⑮ 意 味 □

❶ いらっしゃる・おいでになる

❷【補助動詞】……ていらっしゃる

《現代語訳》

・納言《なごん》などで**いらっしゃっ**たころであろうか、……

---

⑯ 意 味 □

❶ 不審に思う・疑わしい

❷ 心配だ・気にかかる

《現代語訳》

(1) どのようなことかと**不審に思っ**て、……

(2) 苦しんでおります人も**心配だ**。

---

⑰ 意 味 □

❶ 思われる・感じられる

❷ 思い出される　❸ 似る

《現代語訳》

(1) ちょうどそのときに合って趣深く**思われ**た。

(2) 尼君が見上げた顔に少し**似**ている……

---

⑱ 意 味 □

❶ 普通だ

❷ 並大抵でない（下に打消を伴う）

《現代語訳》

・**並大抵でない**と思うにつけ、やはりとても優れていることは、……

---

⑲ 意 味 □

❶ 趣深い・風流だ

❷ 興味深い・愉快だ

《現代語訳》

(1) (笛が)春に**趣深く**聞こえるのは……

(2) わが子を見ることほど、**興味深い**ものはない。

---

⑳ 意 味 □

❶ いとしい・かわいい

❷ 心ひかれる

《現代語訳》

・本当に、**いとしい**親のため、妻子のためには、自分の恥をも忘れ、……

㉑ 意 味 □

❶ 人の様子・表情

❷ 物の様子・状態・眺め

《現代語訳》

・しきりに物思いにふけっている**様子**である。

㉒ 意 味 □

❶ 奥ゆかしい・心ひかれる

《現代語訳》

・ちょっとそこに置いてある身の回りの道具類も、古風な感じで落ちついているのは、**奥ゆかしい**と思われる。

㉓ 意 味 □

❶ 物足りない・心寂しい

《現代語訳》

・「このようなことに、権中納言《ごんちゅうなごん》がいないのは、やはり**物足りない**ことだ。」

⑫ うつくし

次の古文を現代語訳しなさい。

・何も何も、小さきものは、みな**うつくし**。

⑬ え～打消・反語

次の古文を現代語訳しなさい。

(1) 言はまほしきことも**え**言は**ず**、……

(2) それがしが描いたやうにはえ飛ぶ**まい**。

⑭ おどろく

次の古文を現代語訳しなさい。

(1) 風の音にぞ**おどろかれ**ぬる。

(2) わづらふ姉**おどろき**て……

⑮ おはす

次の古文を現代語訳しなさい。

・納言《なごん》などにて**おはし**ける比《ころ》にやありけん、……

⑯ おぼつかなし

次の古文を現代語訳しなさい。

(1) いかなる事にかと**おぼつかなく**て、……

(2) わづらひはべる人も**おぼつかなし**。

⑰ おぼゆ

次の古文を現代語訳しなさい。

(1) 折からをかしう**おぼえ**しか。

(2) 尼君の見上げたるに少し**おぼえ**たる……

⑱ おぼろけなり

次の古文を現代語訳しなさい。

・**おぼろけならじ**と思ふに、なほいみじうめでたきことは、……

⑲ おもしろし

次の古文を現代語訳しなさい。

(1) (笛が)春**おもしろく**きこゆるは……

(2) わが子を見るほど、**おもしろき**はなし。

⑳ かなし〔愛し〕

次の古文を現代語訳しなさい。

・誠に、**かなしから**ん親のため、妻子のためには、恥をも忘れ、……

㉑ けしき〔気色〕

次の古文を現代語訳しなさい。

・切《せち》に物思へる**けしき**なり。

㉒ こころにくし

次の古文を現代語訳しなさい。

・うちある調度も、昔覚えて安らかなるこそ、**こころにくし**と見ゆれ。

㉓ さうざうし

次の古文を現代語訳しなさい。

・「かやうのことに、権中納言《ごんちゅうなごん》のなきこそ、なほ**さうざうしけれ**。」

㉔ さすがなり

次の古文を現代語訳しなさい。

・(鶯《うぐひす》と時鳥《ほととぎす》が)もろ声に鳴きたるこそ**さすがに**をかしけれ。

㉕ さぶらふ〔候ふ〕

次の古文を現代語訳しなさい。

(1) 中納言《ちゅうなごん》の君といふ人**さぶらひ**けり。

(2)「この気色たふとく見えて**さぶらふ**」

㉖ さらでも

次の古文を現代語訳しなさい。

・霜のいと白きも、また**さらでも**いと寒きに、火など急ぎおこして……

㉗ さらに〔更に〕〜打消

次の古文を現代語訳しなさい。

(1) **更に**身に従へるたくはへも**なく**て、……

(2) **さらに**え見出《い》で**ず**。

㉘ すずろなり

次の古文を現代語訳しなさい。

・いみじく泣くを見たまふも、**すずろに**悲し。

㉙ たまふ〔給ふ〕

次の古文を現代語訳しなさい。

・(大臣は)白髪をぞ、一筋見出《みい》だし**給ひ**たりける。

㉚ つきづきし

次の古文を現代語訳しなさい。

・火など急ぎおこして、炭もてわたるもいと**つきづきし**。

㉛ つとめて

次の古文を現代語訳しなさい。

(1) 冬は**つとめて**。

(2) その夜は道にとまりて、**つとめて**……

㉜ としごろ

次の古文を現代語訳しなさい。

・かくのごとくするほどに、**としごろ**になりて、おほやけに聞こしめして……

㉝ ながむ〔眺む〕

次の古文を現代語訳しなさい。

・内裏にても里にても、昼はつれづれと**ながめ**暮らして、……

㉞ なほ

次の古文を現代語訳しなさい。

・月のころはさらなり。やみも**なほ**、蛍の多く飛びちがひたる。

㉟ のたまふ

次の古文を現代語訳しなさい。

・「何物ぞ。便《びん》なし。罷《まか》りのけ」と**のたまふ**に、……

㉔ 意 味 □

❶ そうはいってもやはり・そうはいうものの

《現代語訳》

・(鶯《うぐいす》と時鳥《ほととぎす》が)声を合わせて鳴いているのは**そうはいってもやはり**趣深い。

㉕ 意 味 □

❶ お仕えする　❷ ございます

❸ 【補助動詞】……ます・……でございます

《現代語訳》

(1) 中納言《ちゅうなごん》の君という人が**お仕えし**ていた。

(2)「この様子は尊く見えるの**でございます**」

㉖ 意 味 □

❶ そうでなくても

《現代語訳》

・霜がたいへん白いのも、また**そうでなくても**たいへん寒い朝に、火などを急いでおこして……

㉗ 意 味 □

❶ まったく……ない・けっして……ない

《現代語訳》

(1) **まったく**持っているお金も**なく**て、……

(2) **けっして**見つけ出すことができ**ない**。

㉘ 意 味 □

❶ わけもなく……だ・なんとなく……だ

❷ やたらに・むやみに

《現代語訳》

・たいそう泣くのをご覧になるのも、**わけもなく**悲しい。

㉙ 意 味 □

❶ お与えになる

❷ 【補助動詞】お……になる

《現代語訳》

・(大臣は)白髪を、一筋**お**見つけ**になっ**た。

㉚ 意 味 □

❶ 似つかわしい・ふさわしい

《現代語訳》

・(炭)火などを急いでおこして、炭を持って(廊下を)渡るのもとても(時期に合って)**似つかわしい**。

㉛ 意 味 □

❶ 早朝・朝早く

❷ (何かあった)その翌朝

《現代語訳》

(1) 冬は**早朝**(がたいへん風情がある)。

(2) その夜は途中で泊まって、**その翌朝**……

㉜ 意 味 □

❶ 長い年月・長年の間・数年来

《現代語訳》

・このようにするうちに、**長い年月**がたって、(親孝行する者の行いを)朝廷もお聞きになって……

㉝ 意 味 □

❶ 物思いにふける

❷ 長い間ぼんやりと見ている

《現代語訳》

・宮中でも里の邸宅でも、昼は**ぼんやりと物思いにふけって**暮らして、……

㉞ 意 味 □

❶ やはり・依然として

❷ そうは言っても　❸ さらに

《現代語訳》

・月の(明るい)ころは言うまでもない。闇も**やはり**、蛍が多く飛び交っている(のがよい)。

㉟ 意 味 □

❶ おっしゃる

《現代語訳》

・「何者だ。けしからん。そこをどけ」と**おっしゃる**と、……

㊱ 意 味 □

❶ 頼りない　❷ ちょっとしたことだ

❸ 取るに足りない

《現代語訳》

(1) 夢よりも**頼りない**男女の仲を、……

(2) **ちょっとした**ことを言い合った末に、……

㊲ 意 味 □

❶ お仕えする　❷ ございます・あります

❸【補助動詞】……です・……ます

《現代語訳》

(1) この太秦《うずまさ》殿に**お仕えし**ている女房の……

(2)「長年思っていたことを果たし**まし**た。……

㊳ 意 味 □

❶ 不都合だ・具合が悪い

❷ かわいそうだ・気の毒だ

《現代語訳》

・「……**不都合なことだ**と思うが、どうしたらよいだろうか。」と……

㊴ 意 味 □

❶ ……ができない(不可能)

❷ ……してはいけない(禁止)

《現代語訳》

(1) 羽がないので、空をも飛ぶこと**ができない**。

(2) 人をかむ犬を養い飼っ**てはいけない**。

㊵ 意 味 □

❶ 申し上げる

《現代語訳》

・一匹の鼠《ねずみ》が進み出て**申し上げ**たことには、……

㊶ 意 味 □

❶ だんだんと・しだいに

《現代語訳》

・春はあけぼの(が風情がある)。**だんだんと**白くなっていく山に接した空のあたりが、少し明るくなって、……

㊷ 意 味 □

❶ そのまま・引き続いて

❷ すぐに・直ちに

《現代語訳》

(1) 薬も飲まず、**そのまま**起き上がらないで……

(2) 名前を聞くと**すぐに**顔が推測された。

㊸ 意 味 □

❶ 高貴だ・貴い

❷ 格別である・並々でない

《現代語訳》

・それほど**高貴**な身分ではない方で、……

㊹ 意 味 □

❶ 心がひかれる(見たい、知りたい、行きたいなどと訳す)

《現代語訳》

・普通の人とは思われませんでしたので、(どんな人か)**知りたく**て、……

㊺ 意 味 □

❶ すべて・何事につけても

《現代語訳》

・**すべて**の事を知ったかぶりをするのである。

㊻ 意 味 □

❶ 悩む・嘆く

❷ 困る・当惑する

《現代語訳》

・この上なく遠くにやってきたものだなあと、**嘆き**あっていると、……

㊼ 意 味 □

❶ 趣深い・風情がある

❷ 心がひかれる　❸ こっけいだ

《現代語訳》

・(蛍が)一匹か二匹だけ、ほのかに光って飛んでいるのも**風情がある**。

㊱ はかなし

次の古文を現代語訳しなさい。

⑴ 夢よりも**はかなき**世の中を、……

⑵ **はかなき**こと言ひ言ひのはてに、……

㊲ はべり〔侍り〕

次の古文を現代語訳しなさい。

⑴ この太秦殿《うづまさ》に**はべり**ける女房の……

⑵「年ごろ思ひつること果たし**はべり**ぬ。……

㊳ ふびんなり

次の古文を現代語訳しなさい。

・「……**ふびんなり**と見れど、いかがすべからむ。」と……

㊴ べからず

次の古文を現代語訳しなさい。

⑴ 羽なければ、空をも飛ぶ**べからず**。

⑵ 人食ふ犬をば養ひ飼ふ**べからず**。

㊵ まうす〔申す〕

次の古文を現代語訳しなさい。

・一つの鼠《ねずみ》進み出でて**申し**けるは、……

㊶ やうやう〔漸う〕

次の古文を現代語訳しなさい。

・春はあけぼの。**やうやう**白くなりゆく山ぎは、すこしあかりて、……

㊷ やがて

次の古文を現代語訳しなさい。

⑴ 薬も食はず、**やがて**起きもあがらで……

⑵ 名を聞くより**やがて**面影は推し量らる。

㊸ やむごとなし

次の古文を現代語訳しなさい。

・いと**やむごとなき**きはにはあらぬが、……

㊹ ゆかし

次の古文を現代語訳しなさい。

・ただ人とはおぼえ侍らざりしに、**ゆかしう**て、……

㊺ よろづ

次の古文を現代語訳しなさい。

・**よろづ**の事を知りがほにするなり。

㊻ わぶ

次の古文を現代語訳しなさい。

・限りなく遠くも来にけるものかなと、**わび**あへるに、……

㊼ をかし

次の古文を現代語訳しなさい。

・(蛍が)ただ一つ二つなど、ほのかにうち光りて行くも**をかし**。

1時間目 歴史的仮名遣い

解答（4～5ページ）

1
(1) あわれ　(2) くう　(3) いにしえ　(4) におい
(5) よろず　(6) ふじ　(7) おかし　(8) まいる
(9) こえ　(10) もうす　(11) きょう　(12) かじ
(13) しょうそこ　(14) おおす　(15) わずらい
(16) まろうと　(17) なお　(18) うるわし
(19) いかがせん　(20) しょうがつ　(21) うつくしゅうていたり

2
(1) ①ゆえ　②おのずから　③くわしく　④もちいて

3
(1) ①おじ　②ようす　③そうらい　④さえ
(2) ア　(3) A わが子　B 石臼
(4) ア・イ(順不同)

出典　2は、「薫風雑話」より。熊本県の公立高校入試問題として出題されたものを改作したもの。3は、「醒酔笑」より。西武学園文理高校の入試問題として出題されたものを改作したもの。

解説

1
(1)～(4)・(14)・(17)・(18)は、ハ行を正しく直す問題。語中・語尾の「はひふへほ」は「わいうえお」に直す。
(5)・(6)は「ぢ・づ」を「じ・ず」に直す問題。
(7)～(9)は「ゐ・ゑ・を(助詞以外)」を「い・え・お」に直す問題。
(10)・(11)・(13)・(16)は「ア・エ段＋う(ふ)」を、それぞれ直す問題。(10)・(16)「ア段＋う(ふ)」は「オ段＋ウ」に直す。(11)・(13)「エ段＋う(ふ)」は「イ段＋ョウ」に直す。
(12)・(20)は「くわ・ぐわ」を「か・が」に直す問題。(12)は「火事」のこと。(20)は「正月」のこと。「しやう」を「しょう」に直すことも忘れないようにする。
(15)は八行と「づ」を正しく直す問題。
(19)は語中・語尾の「む」を「ん」に直す問題。
(21)「イ段＋う」を「イ段＋ュウ」に直し、「ゐ」を「い」に直す。詳しくは得点アップQ&A を参照。

2
(1)①は「ゑ」を「え」に直す。「ゆゑ」は、本文のように「……によって、……から」という意味で用いられる場合や「理由」という意味で用いられる場合などがある。②は「づ」を「ず」に直す。「おのづから」は「自然と」という意味。③は「は」を「わ」に直す。④は「ゐ」を「い」に直す。

3
(1)①は「ぢ」を「じ」に直す。「おぢ」の元の形は「おづ」で、「怖がる」という意味。②は「やう」を「よう」に直す。「様子」のこと。③は「さう」を「そう」に直し、「ひ」を「い」に直す。「さうらひ」の元の形は「さうらふ」で、ここでは「住む・いる」という意味で用いられている。④は「へ」を「え」に直す。
(2)本文が、信長公と連一検校の会話という構造であることを押さえる。連一検校が信長公に、洛中のさわぎが前代未聞であることを報告したことに対して、aのように言っているので、信長公の発言だということがわかる。
(3)信長公が連一検校に「その恐れたるやうすは」と尋ね、連一検校は、逃げまどっている人々の様子を報告しているので、その連一検校の報告した人の様子に注目する。連一検校が報告したのは、「二条に候ひし者の妻」が火の手から逃れるために、我が子を背負って逃げ、下ろしてみると、実は石臼だったという内容。「二条に候ひし者の妻」、ひいては洛中の人々がいかに恐怖して混乱していたかがわかる。よって、A には「わが子」、B には「石臼」が入る。
(4)それぞれの選択肢を確認する。**ア**は「信長公にたいし、公方御謀反」とある内容と一致する。**イ**は「御出馬ありて、上京放火なされしことありし」とある内容と一致する。**ウ**は「武士同士の戦いの様子」が不適。連一検校が信長に報告したのは、洛中の人が放火さわぎに怖がっている様子である。**エ**は「我が子を探して町の中を走り回った」が不適。二条に住んでいた者の妻は、

ひっぱると、はずして使えます。

我が子を火の手から守るために走り回ったのである。**オ**は「子供が三人またはは四人いた」が不適。「三つ四つなる子」とは、「三、四歳の子供」という意味。よって、**ア**・**イ**が適切である。

現代語訳

2 徳川吉宗が将軍だった時代、伊豆の船頭である何とか(という人)をお呼びになって、日和見(＝天候を見る人)になさった。(その人は)三〇年ほどの間、一日も(天気を)見間違えたことがない。その子供はその父の仕事を継いで、今の日和見である。しかしたびたび(天気を)見間違えることがある。この父はもともと船頭で長年海の上を行き来し、命がけで日和見を習得した者であるため自然と天気を見るのが非常に巧みになったが、その子は父の地位や財産を譲り受けて衣食が豊かなので、自然と(日和見の)修行がおろそかになって、父の伝えたことだけを受けて見習い、自分で苦労することがないので、細かく注意して稽古しないから(天気を見間違えることがあるの)だろう。武士の家の者などは、とりわけ心得ておくべきことだ。

3 信長公に対し、足利義昭様が謀反を起こしなさったとき、(信長公自ら)御出馬なさって、上京に放火なさったことがあった後、連一検校は(信長公の)御前にお伺いして、「今度の御出陣(における)、町の中のさわぎは(尋常ではなく)、身分の上下を問わず、怖がり恐れていること、前代未聞です」と申し上げると、(信長公は)「そうであろう。さてその(人々が)恐れている様子は(どのようであるか)」とおっしゃるので、(連一検校は)「上京に火の手があがるのを見て、二条に住んでおりました者の妻は、ともかく我が子さえ連れて逃げれば済むと思い、三、四歳の子を背中に負い、走り回って、四条の橋のところまで逃げてきました。あまりに苦しく、ちょっと子をおろして休もうと思い、地面の上にどんと置いて見てみると、(子だと思って背負ってきたのは)石臼でございました。」(と申し上げた。)

得点アップQ&A

Q **歴史的仮名遣いの直し方は?**

A 歴史的仮名遣いの直し方には、次のようなルールがあります。

①語中・語尾の「はひふへほ」は「わいうえお」に直す。
例 いふ→いう

②「ゐ・ゑ」と助詞以外の「を」は、「い・え・お」に直す。
例 まゐれ→まいれ、うゑる→うえる、をかし→おかし

③母音が連続する〔au・iu・eu・ou〕の音は、現代語では〔ô・yû・yô・ô〕と読む。
例 やうやう(yau)→ようよう(yô)
うつくしう(siu)→うつくしゅう(syû)
てふ(tehu)→てう(teu)→ちょう(tyô)

④「ぢ・づ」は「じ・ず」に直す(ただし例外もあり)。
例 よろづ→よろず

⑤語中の「む」は「ん」と読む。
例 やむごとなし→やんごとなし

⑥「くわ・ぐわ」は「か・が」と読む。
例 くわし(菓子)→かし

2時間目 古文の特徴

解答(6～7ページ)

1 (1) **イ**
(2) 例 **夫の容姿が醜かった(から。)**(9字)
(3) **イ** (4) **エ**

2 (1) ①**イ** ②**ア** ④**ア**
(2) **イ**
(3) **エ** (4) **ア**
(5) **A ア B ウ**

出典 **1**は、「唐物語」より。帝塚山学院泉ヶ丘高校入試問題として出題されたものを改作したもの。**2**は、「伊勢物語」より。青稜高校入試問題として出題されたものを改作したもの。「伊勢物語」は、平安時代に成立した、在原業平《ありわらのなりひら》らしき人物を主人公にした歌物語。

解説

1 (1) □を含む文の文末が、本来は「けり」となるところ、「ける」となっている。したがって、□には、係り結びとなる言葉が入る。

(2) 「この女、かばかり醜き人とも知らず会い初めにければ、悔しきこと」とあり、女が容姿の醜い買氏と結婚したことを後悔していることがわかる。

(3) 古語の「年ごろ」は、「長年、数年来」という意味。「適齢期」という意味ではない。よって、**イ**が適切。**ア**は「夫のいじけた態度」が不適。

(4)倒置となっている。もとの語順に直すと「妹が三年の言の葉を聞かましや」となる。夫の努力むなしく、三年間、妻が何も言わず、笑いもしなかったという本文の内容をふまえると、**エ**が適切。

2 (1)①登場人物は男と母の二人。子である男は宮仕えしているので、長岡に住んでいたのは母。②長岡に住む母のもとへ「まうづ(うかがう)」のは、男。④**A**の和歌が母から送られてきたので、手紙に驚いたのは男。

(2)ここでは「かなし」は、「悲しい」という意味の「悲し・哀《かな》し」でなく、「かわいい」という意味の「愛《かな》し」が用いられている。

(3)――線部⑤の格助詞「の」は主語を表している。よって、**エ**が適切。

(4)母に長生きしてほしいと思っているのは、母の子である男。

(5)**A**は、母が子である男に死ぬ前に会いに来てほしいと訴える和歌。**B**は、男が母の和歌を読み、いつまでも母に長生きしてほしいと祈る和歌。

現代語訳

1 昔、賈氏という人(がいて)、比類ないほど容姿がよくなくて、顔のうつくしい妻を持っていた。この女は、(賈氏が)これほど醜い人だと知らず、結婚したので、悔しいことといったら(結婚を)やり直したいほどに思っていたが、どうしようもなく生活していたところ、(女が)良いことにも悪いことにも、全く何も言わず、笑いもできず、いつも気分が晴れないで過ごすばかりだったことを、男はこの上なくつらいと思って、この女に何か言わせ、笑わせたいと(あれこれと)したが、どうにも効果がなくて、三年になったときに、春、(男は女を連れて)野原に出かけて、一緒に遊びました。きじという鳥で、沢のほとりに立っていましたのを、この夫は、弓矢の腕前のすばらしさで名声が高かったので、このきじをたちどころに射止めてしまった。(女は)これを見ると、長年の不満も忘れて、(男を)褒め、微笑んだので、夫は、この上なく嬉しく思って、(次のような和歌を詠んだ。)

沢にいたきじを射止められなかったならば、三年も待った妻の言葉を聞くことはなかっただろうなあ

この話を聞くと、何事も上手になりたいと思うものだ。

2 昔、男がいた。(男の)身分は低いものの、母は内親王であった。その当時、(母は)長岡という所に住んでいらっしゃった。子(である男)は京に宮仕えしていたので、(母の元に)うかがうことにしていたが、頻繁にはうかがうことができない。(男はそのうえ)一人っ子であったので、(母は男を)たいそうかわいがっていらっしゃった。ところが、十二月ごろに、急なことといってお手紙が届く。(男は)驚いて(その手紙を)見ると、歌が(書いて)ある。

A 年老いてしまうと(死別という)避けられない別れがあるというので、ますます会いたくなるあなたであることよ。

その子(=男)は、たいそう泣いて(次の歌を)よんだ。

B 世の中に避けられない別れがないといいなあ。(母には)千年も(長生きしてほしい)と祈る子供(である私)のために。

得点アップQ&A

Q 「係り結び(の法則)」とは?

A 「係り結び(の法則)」については、高校の古文で本格的に学習するので、高校入試対策としては、少なくとも次のことを理解しておくとよいでしょう。

①係り結びに関係するのは係助詞の「ぞ・なむ(ん)・や・か・こそ」。

②このうち、

▼ぞ・なむ(ん)・こそ……強意(強調)
▼や・か……疑問・反語
} を表す。

③これらの係助詞が文中にあると文末は終止形で結ばない。

▼ぞ・なむ(ん)・や・か……連体形
▼こそ……已然《いぜん》形
} で文末を結ぶ。

注 口語文法と文語文法の活用形の違いは次のようになる。

- 口語文法=未然形・連用形・終止形・連体形・**仮定形**・命令形
- 文語文法=未然形・連用形・終止形・連体形・**已然形**・命令形

3時間目 説話を読む ①(十訓抄)

解答(8~9ページ)

1 (1) **こいねがうべきなり(こいねごうべきなり)** (2) **ア** (3) ②**蓬** ③**麻** (4) **エ** (5) **イ**

2 (1) **おおきに** (2) **イ** (3) a **楊震(震)** b **金**

3 (1) **朋友** (2) **エ**

出典 1は、埼玉県の公立高校入試問題として出題されたものを改作したもの。2は、群馬県の公立高校入試問題として出題されたものを一部省略したもの。3は、宮城県の公立高校入試問題として出題されたものを改作したもの。「十訓抄」は、鎌倉時代に成立した説話集。年少者のための処世教訓書として書かれたもの。「じっくんしょう」とも読む。

解説

1 (1)語中・語尾の「はひふへほ」は「わいうえお」に直す。ここでは「ひ」と「ふ」の二字あることに注意する。
(2)現代語の「おのずから(自ずから)」と同じような意味で使われている。
(3)②「蓬は枝さし、直からぬ草」とある。③「蓬」をまっすぐに生えさせる草として「麻」があげられている。
(4)最後の一文「心の悪しき人なれども、うるはしくうちある人の中に……」から考える。
(5)「人は、交際する友達によって、良くも悪くもなるものだ」という意味のことわざを選ぶ。**ア**は、血縁のつながりは他人よりも強いということ。**ウ**は、権力のある者には服従するのがよいということ。**エ**は、人に親切にしておけば、いつかは自分に返ってくるということ。

2 (2)趙柔が道で一束の金珠を見つけ、それを持ち主に返したのである。
(3)楊震へ昌邑の役人がこっそり金を渡そうとしたが、楊震はそれを受け取らなかったのである。文中では楊震のことを震とも言っているので、解答はどちらでもよい。

3 (1)「水の入れもの」にたとえているものを文中から探す。「心は朋友(=ともだち)にならふ」の「ならふ」は、傍線部の「従ふ」と同じ意味で使われている。
(2)人の心は相手によっていかようにもなるということを言っている。

現代語訳

1 ある人が言うには、「人はよい友に出会うことをひたすら願い求めるべきである」と。
麻の中に生い育つ蓬は力を加えなくとも、自然とまっすぐ伸びるというたとえがある。蓬は伸び方は、まっすぐではない草だが、麻の中にまじって生えれば、曲がって伸びていく場所がないので、不本意ながら、きちんとまっすぐに生長するのである。

心のねじけた人であっても、正しく立派に過ごしている人の中に入って交際していれば、そうはいっても、やはり、あれこれと気づかうことが多くなり、自然と(その態度も)改まるのである。

2 ある本に書いてあることには、趙柔という人が、道において、だれかが置いていった金珠(=玉)を、ひもで通した一束を見つけた。その値は、(当時、貨幣の代わりだった)たくさんの絹織物に相当するほどのものであったが、持ち主を呼んで、返し与えたところ、人々はこれを聞いて、おおいに(趙柔を)尊敬した。
また(ある本に)書いてあることには、漢の楊震が、東萊の郡の長官として(赴任する際)、昌邑という所を通ったが、その地の役人は、昔のよしみがあって、金をひそかに楊震に渡そうとした。震が言うことには、「(このことは)天も知っている。地も知っている。私も知り、人も知っている。」と言って、とうとう金を受け取らなかった。

「四知を恥じる」というのはこれである。愚かな者たちは、人の見ることばかりを恐れて、天がご覧になっていることを恥ずかしく思わないのである。愚かで情けない心である。

3 人間の心は、水が容器によってどんな形にでもなるようなものだ。容器が細ければ、そのときは細くなる。(容器が)丸ければ、そのときは丸くなる。(これと同じで、人間の)心はその友人にならい従う。(だから友人を)どうして選ばないでいられようか。

4時間目 説話を読む ②(宇治拾遺物語)

解答(10〜11ページ)

1 (1)**(狐の)子ども** (2)**ウ** (3)**エ**

2 (1)**①ア ③エ** (2)**a 親に孝する者　b 南の風** (3)**A いれていたれば　B おおやけ** (4)**ウ**

出典 1は、神奈川県立柏陽高校入試問題として出題されたものを改作したもの。2は、愛媛県と三重県の公立高校入試問題として出題されたものを合作したもの。「宇治拾遺物語」(編者未詳)は、鎌倉時代に成立したといわれる説話集である。仏教説話をはじめ、民間説話、不思議な話と、幅広い話題を収集している。

解説

1 (2)ここの「おのれ」は、自分自身のこと。直後に「うかれて、まかり通りつる狐なり」とある。

(3)理由の説明は、直前の「塚屋に子どもなど侍るが……」以下にある。

2 (1)①「今は昔」は、説話の書き出しのところでよく出てくる表現である。

(2)動作主(主語)になるのは、口語で補うと「……が」または「……は」となる文節である。**a**は、だれが「島に行く」のか、**b**は、何が「吹きつけつ」なのかを考える。詳しくは 得点アップQ&A を参照。

(3)**A**「ゐ・ゑ・を(助詞以外)」は、「い・え・お」に直す。**B**「ほ」は「お」に直す。

(4)本文の後半に「大臣になして、召し使はる」とある内容に合うのは**イ**と**ウ**。「その名を鄭大尉とぞいひける」の部分から「親に孝する者」が「鄭大尉」とわかるため、**ウ**が適切となる。

現代語訳

1 昔、物の怪をわずらっていた(人の)ところで、祈りをあげて物の怪を(女に)乗り移らせましたところ、物の怪が、その女にとりついて言うことには、「私は、たたりをする物の怪ではありません。さまよい歩いて、(ここを)通りかかった狐です。墓地にある小屋の穴には子どもたちがいますが、食い物を欲しがっているので、このような所には、食い物が、散らばっているものだと思って、やってきたのです。しとぎでも食べて、立ち去りましょう。」と言うので、しとぎを作らせて、折敷にいっぱいにくれてやると、少し食って、「ああ、うまいなあ、うまいなあ。」と言う。(人々は)「この女が、しとぎが欲しかったので、狐がついたふりをして、このように言うのだ。」と悪口を言い合った。

2 今となっては昔のことだが、親に孝行する者がいた。朝夕に木を切って(それを売り)、親を養っていた。(その者の)孝養の心が、天にいる神に通じた。梶《かじ》もない舟に乗って、向かいの島に行くのに、朝は南の風が吹いて、北の島に(舟を)吹きつけた。夕方になって、また舟に木を切って積んでいると、北の風が吹いて、家に(舟を)吹きつけた。このようにするうちに、長い年月が過ぎて、朝廷でもこのこと(=親孝行する者の行い)をお聞きになって、大臣に任じて召し使われた。その名を鄭大尉といったという。

得点アップQ&A

Q 動作主の見つけ方は?

A 「何が・だれが」にあたるものを答えるのが動作主の問いです。古文も現代文と同じように、文節と文節の関係で「主語・述語の関係」があります。

・主語(何が／だれが)＋述語(どうする・どんなだ／ある〈いる〉・何だ)

動作主を見つけるためには、

①まず述語を見つける。述語はふつう文末にある。

②述語を見つけてから、「何が・だれが」にあたる主語を考える。

③主語には、「何は・何こそ・何の」などの形や助詞が省略されている場合もあるが、助詞は「が」に置き換える(補う)ことができる。

④古文では主語の省略が多く、新しい登場人物が現れるまで省略される。

例 親に孝する者(A) ありけり①。朝夕に木を こりて②、親を養ふ③。孝養の心、空に知られぬ。梶《かぢ》もなき舟に 乗りて④、むかひの島に行く⑤に、朝には、南の風(B) 吹きて⑥、北の島に 吹きつけつ⑦。

(本冊11ページの2)

注 AもBも助詞「が」が補えるから主語になる。①～⑤はすべてAが主語になる。Bで主語が変わったので⑥・⑦の主語はBになる。

⑤文中に主語として適切なものがない場合、筆者が主語の場合もある。

5時間目 説話を読む③(古今著聞集)

解答(12～13ページ)

1 (1)**しずかに案じ給うに** (2)**ア**
(3)**A 大臣(丞相)　B はるかに程へて**
(4)**鏡にて** (5)**ウ**

2 (1)**おこなわせたまいける**
(2)**ウ**

(3) (ある)房官
(4) イ　(5) ①エ　②エ

出典 1は、長崎県の公立高校入試問題として出題されたものを改作したもの。2は、鳥取県の公立高校入試問題として出題されたものを改作したもの。「古今著聞集」は、鎌倉時代に成立した説話集で、編者は橘成季。わが国の説話を題材別に分類している。

解説

1 (1)「ぢ・づ」は「じ・ず」に直す。語中・語尾の「ふ」は「う」に直す。
(2)位階の低かった九条の大相国(＝藤原伊通)が、井戸をのぞくと大臣の相が見えたのでうれしかったのである。
(3)2行後の「鏡にて近く見るには……大臣にならんずる事遠かるべし」が手がかりになる。
(4)3行前の「しづかに案じ給ふ」の内容は、直後の「鏡にて」から始まっている。
(5)「この大臣は、ゆゆしき相人にておはしましけり」から読み取る。「ゆゆし」は、良い意味(すばらしい)にも悪い意味(不吉だ)にも用いられる古語であるが、ここでは、藤原伊通をすばらしい人相見だとほめている。

2 (1)語中・語尾の「はひふへほ」は「わいうえお」に直す。
(2)6行目に、あがり馬に乗っていた房官が、「臆して手綱をつよくひかへたりけるに……突きわりにけり」とある。
(3)あがり馬に乗っていた人物を答える。
(4)「いかに……ぞ」で、「どうして……か」という疑問を表す。気性の荒い馬に平気で乗っていることに驚き、疑問に思っている。
(5)①説話では、最後の部分で筆者が感想を述べることがある。ここは房官が人に指摘されて急にあがり馬を恐れる様子がおかしかったのである。②——線部ⓒを聞いた房官が「臆して手綱をつよくひかへたりける」とたんに馬が暴れだしてしまい、落馬した様子を「をかしかり」と表している。

現代語訳

1 九条の大相国が、(まだ)位階の低かったころ、何となく后町の井戸に、立ち寄って底をのぞかれたとき、大臣の人相が見えた。うれしくお思いになってお帰りになられて、鏡を取って(顔を)ご覧になると、その人相がない。どのようなことかと不審に思って、再び宮中に参内して、あの井戸をのぞかれると、先ほどのように大臣の人相が見えた。その後、静かにお考えになったところ、「鏡で近くから見るときには、大臣の人相がない。井戸の水に映して遠くから見るときには、大臣の人相がある。このことから考えると、大臣になるという事が遠い先のことなのだろう。(しかし、)いずれは実現するだろう」とお思いになった。やはり、何年もたってから大臣におなりになった。この大臣は、すばらしい人相見でいらっしゃった。宇治の大臣も、特に依頼して占ってもらいなさったということだ。

2 そう遠くない昔、六の葦毛という踊りはねる癖のある馬がいた。どの住職のときであったか、重要なお祈りをとり行いなさったときに、贈り物として進呈された馬を、ある寺の事務官にお与えになった。(事務官は)踊りはねる癖のある馬とも知らないで、乗り回しているうちに、あるとき、京に出たところ、知り合いの人に途中で出会って、(知り合いの人が)この馬を見て、「どうしてこれほどの踊りはねる癖のある馬として有名な、六の葦毛にこのように(平気で)お乗りになっていらっしゃるのだ」と言ったところ、(事務官は)気おくれして手綱を強くひっぱると、(あがり馬は)たちまち前足をはねあげて、(事務官は)まっさかさまに落ちて、頭を激しくぶつけ割ってしまった。おもしろいことである。

6時間目 説話を読む ④ (発心集・沙石集)

解答(14〜15ページ)

1 (1) **おわしける**　(2) **閻王の御使ひ白髪丸**　(3) **⑤**　(4) **エ**

2 (1) **ア**　(2) **かたわらに**
(3) **ウ**　(4) **さうがうも整ほらぬ古き地蔵**
(5) 例 **世を救おうとする気持ちに、姿形は関係ないので、同じように供養してほしいという思い。(41字)**

出典 1は、三重県の公立高校入試問題として出題されたものを改作したもの。「発心集」は、鎌倉時代に成立した仏教説話集。編者は「方丈記」の筆者の鴨長明。**2**は、熊本県の公立高校入試問題として出題されたもの。「沙石集」は、鎌倉時代に成立した仏教説話集。編者は無住。

解説

1 (1)語中・語尾の「は」は「わ」に直す。
(2)5行目の「此の男」も同一人物である。制限字数を忘れないこと。
(3)②・③・④の主語は「小さき男」で、⑤だけが「小野宮の右大臣」が主語である。
(4)第二段落「いとあやしく覚えて」以下に注目すると、「白髪」に関係のある**イ**と**エ**にしぼられる。小野宮は夢を見ていたわけではない。

2 (1)美麗な本尊を譲られ「喜び」、「古き地蔵をばかたはらにうち置」いた人物であると考えると、**ア**の「一人」が適切。
(2)語中・語尾の「は」は「わ」に直す。
(3)あとに「驚き騒ぎて」供養をしたとあることから、**ウ**「恨みたる」が適切。**エ**の「恐れたる」は恐る＋たり、恐るは「こわがる」という意味であるから、地蔵がこわがるという意味になってしまう。
(4)和歌を詠んだのは「この地蔵」であり、「この地蔵」とは、前にある「古き地蔵」のことである。本文の始めのほうに「古き地蔵」の様子が書かれている。
(5)今まで熱心に「古き地蔵」を崇めていた武士が、美麗にしたてた地蔵をもらって喜び「古き地蔵をばかたはらにうち置きて、供養せざりけり」ということと、和歌の内容をふまえ、地蔵の気持ちを考えよう。

現代語訳

1 小野宮の右大臣を、世の中の人は、賢人の大臣と呼んだ。納言などでいらっしゃったころであろうか、宮中から退出なさった帰り道、現実とも、夢ともつかないような(感じで)、車の後ろに、白っぽいものを着た小さい男で、見たこともないのが足ばやに歩いて来たので、(右大臣が)不思議に思って、目をとめてご覧になると、この男が(車に)追いついて、後ろの簾を持ち上げるので、(右大臣が)不審に思って、「何者だ。けしからん。そこをどけ」とおっしゃると、「閻魔王のお使いの白髪丸でございます」と言って、そのまま車に飛び乗って、(右大臣の)冠の上に登って消えうせた。
(右大臣は)たいそう不思議に思って、お帰りになってから身のまわりをご覧になったところ、白髪を、一筋お見つけになった。

2 鎌倉に、親友同士の二人の武士がいた。共に地蔵を信じて崇め供養していた。一人は(貧しかったので)、姿形が整っていない古い地蔵を、花や香を差し上げて崇めていた。もう一人は(豊かだったので)地蔵をたいそう立派に造立して、厨子なども美しく飾り立てて、崇めて供養していた。
この人が、先に亡くなった時に、「この親友は、地蔵を信じる人だから」と、本尊を譲った。(もらった男は)喜んで、(譲られた新しい)今の本尊を崇め供養して、(長年崇め供養した)古い地蔵を傍らに放り出して、供養もしなかった。
ある時、夢でこの(古い)地蔵が、恨んでいる様子で、
世の人々を救う心は私もあるのに。仮の姿はたとえどんなふうであったとしても。
このように和歌をお詠みになるのを見て、(男は)驚きあわてて、一つの厨子に(地蔵を)一緒に安置して、同じように供養したということである。

7時間目 随筆を読む① (枕草子)

解答(16～17ページ)

1 (1)**いわせぬ** (2)**ウ**
(3)例 **さっと立ち去って、酒や水を振りかける(18字)**

2 (1)**きさらぎ** (2)**いとう**
(3)**エ** (4)**ア** (5)**イ**
(6)**空寒み花にまがへて散る雪に**

出典 **1**は、青森県の公立高校入試問題として出題されたもの。**2**は、立命館宇治高校の入試問題として出題されたものを改作したもの。平安時代に清少納言によって書かれた「枕草子」は、「徒然草」「方丈記」と並ぶ三大随筆の一つといわれる。内容は、「○○といえば□□」というものを羅列した章段、自然や身の回りのことなどについての考えを述べた章段、中宮定子《ていし》に仕えていたころの体験を振り返った章段に大きく分けられる。

解説

1 (2)「小童こそ、いみじう物は知りたれ」とあるので、①の主語は「小童」。②の主語は、「祭文などよむ」人物。ここでは、陰陽師が適切。
(3)「ちうとたち走りて、『酒、水、いかけさせよ』ともいはぬに、しありくさま」とある部分を参考に、小童が何をしたのか具体的にしてまとめる。

2 (1)二月の異名は「きさらぎ」。詳しくは得点アップQ&Aを参照。

(2)「たう(ア段＋う)」を「とう」に直す。

(3)「これが本はいかでかつくべからむ」とあることから、「少し春ある心地□すれ」が和歌の下の句であることがわかる。和歌の下の句は七・七の定型になる。また、「す」となるはずの文末が「すれ」となっているので、□には係り結びとなる**エ**「こそ」が入る。

(4)古文単語「気色」にはいろいろな意味があるが、ここでは**ア**「天候」が適切。公任が送ってきた「少し春ある心地こそすれ」という和歌の下の句が、二月下旬の、風が強く雪が少し散っている今日の天候によく合っていると筆者は考えている。

(5)「御前」は、筆者が仕えていた中宮定子のこと。「枕草子」にはよく出てくる。「御覧ぜさす」は「お見せする」という意味。送られてきた和歌の下の句に上の句をつけて返すよう求められた筆者は、手紙を中宮に見せて、なんと返すか相談しようとしたのである。

(6)和歌の上の句なので、五・七・五の定型になる。「とくとく。」と急かされた筆者は、不安や緊張から「わななくわななく」返事を書いたと考えられる。

現代語訳

1 陰陽師のもとに(仕えて)いる小童は、すばらしく物事をわかっている。祓などをしに出たところ、(陰陽師が)祭文などを読むのを、人はただ聞いているだけだが、(小童は)さっと立ち走って、(陰陽師が)「酒、水を振りかけさせなさい」とも言わないのに、それをしてまわる様子が、やるべきことをわきまえ、少しも主人(＝陰陽師)に物を言わせないのは、うらやましいものだ。こういう気のきく者を使いたいものだ、と思われる。

2 二月下旬ごろに、風がひどく吹いて、空がたいそう暗いときに、雪が少し舞い散っている時分、黒戸に主殿司が来て、「おじゃまいたします。」と言うので、(私が)近寄ったところ、(主殿司が)「これは、公任の宰相殿からの(お手紙でございます)。」と言って(持ってきて)ある手紙を見ると、懐紙に、

　少し春めいた心地がする

と書いてあるのは、いかにも今日の天候にとてもよく合っているけれどこの和歌の上の句はどうしてつけられようか、と思い悩んだ。「どなたたち(がいらっしゃるの)か。」と(私が)問うと、(主殿司は)「誰それです。」と言う。

　みなとても立派な(方々がそろった)中に、宰相へのお返事を、どうしてこともなげに言い出そうか(いや、そんなことはできない)、と心一つで苦しいので、中宮様にお見せしようとするけれど、天皇がいらっしゃって、(天皇と中宮様はすでに)お休みになっていらっしゃる。

　主殿司は「早く早く。」と言う。まったく(和歌が下手なうえに)返事まで遅いというのは、本当によいところがないので、どうにでもなれと思って、空が寒いので花と見間違えるように散る雪にと、震え震え書いて(主殿司に)渡して、(宰相たちが)どう思っているだろうと心細い。この評価を聞きたいものだと思うが、悪く言われたならば聞くまいと思われるのを、「俊賢の宰相などが『やはり(筆者を)内侍に任命するよう(天皇に)申し上げてそうしよう』と評議なさったよ」などと、左兵衛督で(当時)中将でいらっしゃった方が、話してくださった。

得点アップQ&A

Q 月の異名とは?

A 「何月」ということを表すときに、「一月、二月……」とは違う呼び方をすることがあります。現代とは季節の感覚も異なるので、あわせて覚えておくとよいでしょう。

- 春　一月：睦月《むつき》　二月：如月《きさらぎ》　三月：弥生《やよい》
- 夏　四月：卯月《うづき》　五月：皐月《さつき》　六月：水無月《みなづき》
- 秋　七月：*文月《ふみづき》　八月：葉月《はづき》　九月：長月《ながつき》
- 冬　十月：*神無月《かんなづき》　十一月：霜月《しもつき》　十二月：師走《しわす》

*文月は「ふづき」と読むこともあります。
*神無月は「かみなづき」と読むこともあります。

8時間目 随筆を読む②(徒然草)

解答(18〜19ページ)

1 (1)**ア**　(2)**ⓑ・ⓒ**(順不同)　(3)**あからさまに**　(4)**エ**

2 (1)a **人**　b **許由(といひける人)**　c **なりひさこ(といふ物)**　(2)**ア**　(3)**ふすま**　(4)**エ**

出典 1は、愛知県の公立高校入試問題として出題されたもの。2は、鳥取県の公立高校入試問題として出題されたもの。「徒然草」は、鎌倉時代に

吉田兼好(兼好法師)によって書かれた随筆。内容は、説話、処世訓、自然観照文など多岐にわたるが、根底には筆者独自の無常観が流れている。

解説

1 (1)形容詞「はづかし」の未然形「はづかしから」＋打消「ぬ」＋反語の係助詞「かは」がついて、「恥ずかしくないことがあろうか(いや、恥ずかしいに違いない)」という意味。よって**ア**が適切。

(2)ⓑとⓒは同じ文中にあり、文の初めの「よき人の」が主語となる。

(3)「あからさまなり」は「急に、たちまち」という意味の他に、「ちょっと、ほんのしばらく」という意味をもつ。

(4)「よき人の物語するは……聞くにこそあれ」と**エ**が合致する。

2 (1)**a**は、直前の「人の」の「の」が、主語を示す格助詞で「が」と言い換えることができるので「人」である。**b**は、水を手ですくって飲んでいた「許由」である。**c**は、与えたのは水をくむための「なりひさこ」である。

(2)「許由」は、1行目にある「をのれをつづまやかにし、……むさぼらざらん」人の例である。だから、「なりひさこ」を捨てても平気だったのである。

(3)「なりひさこ」は、「許由」にとっての不要なものである。したがって「孫晨」にとっての不要なものを答えればよい。

(4)「これをいみじ」の「いみじ」が冒頭でも「財持たず、世をむさぼらざらんぞ、いみじかるべき」と使われている。したがって、この内容に合うものを選ぶとよい。

現代語訳

1 本冊18ページの「現代語訳」参照のこと。

2 人は、自分をつつましくして、ぜいたくを遠ざけて、財産を持たず、俗世間の名誉や利益に執着しないでいることこそ、りっぱである。昔から、賢人で裕福な人はまれである。

中国に許由という人が(いたが)、まったく持っているお金もなくて、水でさえも、手ですくって飲んでいたのを(ある人が)見て、(許由に)ひょうたんというものを、(ある)人が与えたのだが、あるとき、木の枝に懸けてあった(ひょうたん)が、風に吹かれて鳴っていたのを、(許由が)「やかましい」といって捨てて、再び手ですくい上げて、水を飲んだ。どんなにか心の中はさっぱりとしていただろうか。

孫晨は、冬のころにふとんがなくて、わらが一束あったので、夜にはこれに寝て、朝には(乱れたわらを)なおした。中国の人は、これをりっぱだと思ったからこそ、(書物に)書きしるして後世に伝えたのであろうが、日本の人は語り伝えるはずがない。

9時間目 随筆を読む ③ (花月草紙・方丈記)

解答(20～21ページ)

1 (1) **イ** (2) **風ひとしきり吹きおちたる**
(3) **土** (4) **ア・ウ**(順不同)

2 (1) **あらそう**
(2) 例 **もとの水ではない**
(3) **エ** (4) **a 人とすみか b うたかた**
(5) **露**
(6) **ウ** (7) **A ウ B ア C エ D 無常**

出典 1は、埼玉県の公立高校入試問題として出題されたものを改作したもの。「花月草紙」は、江戸時代に、松平定信が人事や風物を通して自己の理念を記した随筆である。「花月双紙」とも書く。2は、群馬県の公立高校入試問題として出題されたものを改作したもの。「方丈記」は、鎌倉時代に、鴨長明によって書かれた随筆。仏教的無常観を基調に人生の無常を書きとめたもの。

解説

1 (1)「ども」は逆接を表すので、**ウ**は不適。また、ここでの「ふる」は、直前の「霞わたりて、いとこまやかにふれるが」に対応して「雨が降る」という意味合いである。よって**イ**が適切。

(2)直前に「風ひとしきり吹きおちたるに」とある。

(3)最後の文に「土のにほひきたるもいと心ちよし」とある。「にほひ」は現代仮名遣いにすると「におい」である。

(4)**ア**と**ウ**の内容が適切である。**イ**は、春の雨だれが間隔をあけずに落ちるとしているので不適。**エ**は、夏の雨の魅力も最後の文に記述されているので「不快な感じ」が不適。

2 (1)語中・語尾の「ふ」は「う」に直す。

(2)「あらず」は「ない」と訳す。

(3)「かつ消え」と「かつ結び」が対句になっている。したがって、対句を使っているものを選ぶ。**エ**の「語り継ぎ」と「言ひ継ぎ」が対句。
(4)傍訳を参考にする。「これ」は「うたかた」を指している。
(5)直前の「消えずといへども」は、何が消えないのか考える。主語(動作主)は人物とは限らない。
(6)文中にとりあげている「河の流れ・うたかた・人とすみか・露」に共通しているのは「変化」である。
(7)高校入試で文学史の出題は多くはないが、古典の三大随筆といわれている三作品については、筆者と時代も答えられるようにしておこう。

現代語訳

1 おおよそ春の季節は雨が降っているときこそ心が落ち着く。軒先から向こうの景色がとおくまで霞《かす》んで、とても細かく降っている雨が、着物を濡らすのだけれども実際には降っているように見えない。軒先からの雨だれも間隔が長くあいて音をたてて、捨て去られて住むもののいないクモの巣の糸にひっかかって宝玉を貫いたように見える景色も、庭の地面の枯れ草の地面に、(新しい草が生えはじめて)緑色が次第に加わっていく様子も、糸のような柳の枝が動きもしないで露をつけているのも、どれも非常に穏やかな景色だ。ともし火をかかげても、何とはなしに光って湿っているのも、鐘の音が(湿った空気に伝わって)ほのかに響いてくるのも、心が澄み切った感じがするものであるよ。

(夏は)暑さに耐えられなくなってきたころ、雲が力強くみなぎり湧き、風がひとしきり吹き落ち着いたころに、柳や蓮の葉などが、白っぽい葉のうらを見せてたなびいているのも涼しく見えることだよ。しばらくすると大粒の雨がぽつぽつと降ってきて、そのうち大降りになって音が聞こえないほどになり、土のにおいがしてくるのも気持ちがよいものだ。

2 流れ去る河の流れは、絶えることがなくて、しかも、(目の前を流れる水は)もとの水ではない。よどみに浮かぶあわは、一方で消え、もう一方で新たに生じ、長い間とどまっている例はない。世の中にある人とその住居も、またこれと同じようである。〈中略〉

その(住居の)主人と住居が無常を張り合う様子は、たとえていってみれば、朝顔の露と違わない。あるものは、露が落ちて花が残った。(花が)残ったといっても、朝日に枯れてしまう。あるものは、花がしぼんで露はそのまま消えなかった。(露が)消えないといっても、夕方まで残ることはない。

10時間目 物語を読む(伊曽保物語)

解答(22〜23ページ)

1 (1)①**ゆえ** ③**ゆこう(いこう)** (2)**ア** (3)**エ**
(4)例 **猫の首へ鈴を付けに行こうと言う者がいなかったから。**
(5)**イ**

2 (1)**おもうよう**
(2)例 **蟻が、浮いたり沈んだりしながら川に流されていく様子。**
(3)**エ**
(4)例 **蟻が自分に恩返しをしようとして、人の足に食いついたこと。**(28字)
(5)**かかりける** (6)**ア**

出典 **1**は、鳥取県の公立高校入試問題として出題されたもの。**2**は、福島県の公立高校入試問題として出題されたものを改作したもの。「伊曽保物語」は、室町時代から江戸時代にかけて刊行された仮名草子の一種。「イソップ物語」の翻訳で、六十四話を収めている。

解説

1 (1)①は「ゑ」を「え」に直す。③は「ア段＋う」は、「オ段＋ウ」になるから、「かう」を「こう」に直す。
(2)「の」の見分け方は、得点アップQ＆Aを参照。
(3)「かの猫」に対して「こなた」と言っている。ここでは具体的には鼠を指す。「こなた→そなた→かなた(あなた)」の順で距離が遠ざかる。
(4)直前の「大勢の鼠の中より……と言ふ者なければ」に理由が示されている。
(5)直前の「後先の勘弁なく、……つひには恥をかくものなれば」にあてはまるものを選ぶ。**ア**は、言葉がすらすらと出る様子。**イ**は、うっかり言った言葉から災いを招くということから、言葉を慎むべきであるといういましめ。**ウ**は、価値のわからない者にとっては何の役にも立たないということ。「豚に真珠」も同じ。**エ**は、すぐれた者はとかくねたまれるということ。また、でしゃばる者は他から制裁を受けるということ。

2 (1)「ふ」を「う」に、「やう(ア段＋う)」を「よう」に直す。
(2)「鳩、こずゑよりこれを見て」の「これ」が指す内容を答える。「浮きぬ沈みぬ」は、「浮いたり沈んだり」という意味である。
(3)②は、「鳩」を助けようとしたものの行動で、③は「鳩」を捕まえようとしたものの行動である。
(4)直前の「色や知る」に着目する。ここでの「色」とは、「いきさつ」のこと。「蟻」が「人」に「食ひつ」くに至るまでのいきさつを詳しく説明すればよい。
(5)前半は鳩に助けられた蟻の話、後半は蟻に助けられた鳩の話である。
(6)これは「鳩」に助けられた「蟻」の恩返しの話である。

現代語訳

1 あるとき、鼠が大勢集まって相談することには、「いつも、あの猫という悪がしこい者に捕まえられるとき、千回後悔しても、そのかいがない。あの猫が、鳴き声を立てるか、足音でもすれば、前もって用心して捕まえられない心構えをするのだが、(猫は)こっそりと近寄ってくるために、たびたび油断して捕まえられるのである。どうしたらよいであろう」と言ったところ、一匹の鼠が進み出て申し上げたことには、「それには、何よりもよい方法がある。あの猫の首へ鈴を付けておいたならば、たとえ足音はしなくても、こちらに油断はないだろう」と言うので、みんなは「もっともよい方法であるだろう」と言ったが、大勢の鼠の中から、だれひとり、「猫の首へ鈴を付けに行こう」と言う者がいないので、結局その相談はおしまいになってしまった。このように、人間も後先の考えなく、具体策がありそうにぺちゃくちゃよくしゃべる者は、鼠と同じで、結局は恥をかくものなので、「口は災いの門」と心得るべきである。

2 ある川のほとりで、蟻が、遊ぶことがあった。突然(川の)水かさが増してきて、この蟻を巻き込んで流れる。(蟻が)浮いたり沈んだりしているところを、鳩が、木の枝の先からこの様子を見て、「気の毒な様子だなあ。」と、枝の先をちょっと食い切って、川の中に落としたので、蟻は、これに乗って水ぎわに上がった。こうしたところに、ある人が、竿の先にとりもちをつけて、あの鳩をとろうとする。(それを見た)蟻が、心の中で思うには、「ただ今の(鳩から受けた)恩を返したいものよ。」と思い、その人の足にしっかりと食いついたので、(その人は)すっかり怖がり、竿をそこに投げ捨てた。その人にそのいきさつがわかろうか(いや、わからない)。しかし、鳩は、これ(＝蟻が恩返しをしてくれたこと)を理解して、どこへともなく飛び去った。

得点アップQ&A

Q **助詞「の」の用法と見分け方は？**

A 高校入試の古典文法で「の」が問題になるのは、格助詞の「の」であることが非常に多いです。

・格助詞「の」の用法
- ①主語を示す。(……ガ)
- ②連体修飾語を示す。(……ノ)
- ③体言の代用を示す。(……ノモノ・ノコト)
- ④同格を示す。(……デ)

例 ①雪の降りたる……(雪が降っている……)
②春の野に出《い》でて……(春の野に出て……)
③大納言のはめでたく……(大納言のものはすばらしく……)
④扇《あふぎ》のをかしきを……(扇で風流なのを……)

例のように、古文の「の」が「ガ」「ノ」「ノモノ・ノコト」「デ」のどれに置き換えられるかで用法を見分けることができます。特に、①と②は出題されやすいので注意しましょう。

11時間目 日記を読む (土佐日記・更級日記)

解答(24〜25ページ)

1 (1)①**係り結び(の法則)** ②**ぞよめる・ぞいへる**(順不同)
(2)**あしひきの**
(3)例 **山も動いているように見える**
(4)**エ**
(5)①例 **幼い男の子が和歌を詠んだこと。** ②**幼き童の言**
(6)**ウ**

2 (1)**えもいわずおおきなる**
(2)**世ばなれて〜生ひけむよ**
(3)**ア** (4)**エ** (5)**A あかつき B イ**

出典 1は、石川県の公立高校入試問題として出題されたものを改作したもの。「土佐日記」は、平安時代に成立。紀貫之が土佐の国司の任を終えて、都へ帰るまでの体験を、いかにも女性が書いたような文体で記した日記である。2は、京都府の公立高校入試問題として出題されたもの。「更級日記」は、平安時代に成立。菅原孝標女が、十三歳のときからの約四十年間の自分の人生を、回想的に、年を追ってつづった日記である。

解説

1

(1)① 「係り結び(の法則)」については、3ページの 得点アップQ&A を参照。
ここでは「ぞ」が係助詞で、「ある(「あり」の連体形)」が結びの語になる。
② 「係り結び(の法則)」は、係助詞と結びの語のセットで完成する。和歌の結句「松は知らずや」にも疑問の係助詞「や」があるが、この「や」は文末にあって結びの語がないので、係り結びではない。

(2) 「あしひきの」は「山・峰《を》」などにかかる枕詞《まくらことば》。枕詞は14ページの 得点アップQ&A を参照。

(3) 船が進むと山も動いているように見えることを「山も行く」と表現している。

(4) 「昨夜の泊より、異泊を追ひて行く」「船を漕ぐまにまに」から、筆者と「男の童」は船の上にいることがわかる。

(5)① 直後の「歌をぞよめる」の主語は「この童」である。
② 「幼き童」が詠んだ和歌に対する感想は最後にある。

(6) **ア**は、男の子は船を漕がされていないので不適。**イ**は、山も見えているので不適。**エ**は、筆者は和歌の詠み方を教えていないので不適。

2

(1) 語中・語尾の「はひふへほ」は「わいうえお」に直す。

(2) 山の中腹の木の下に生えている葵《あおい》を見て、人々が言った言葉である。会話文や、心の中で思ったことは、引用を表す「と」を目印に探すとよい。

(3) 「いはむ方なし」は、言い表す方法がない、表現できないほどである、という意味。

(4) **エ**は、主語を示す「の」で、「が」と置き換えられる。それ以外は連体修飾語の「の」である。「の」の識別は11ページの 得点アップQ&A を参照。

(5) **A**は、時間を表す言葉に着目する。**B**は、直前の「道中のつらさを忘れさせる」のにふさわしいものを選ぶ。

現代語訳

1 二十二日。昨夜の港から、次の港をめざして行く。
遠くに山が見える。年が九つぐらいの男の子で、(実際の)年よりは幼い感じの子がいる。この子が、船を漕ぐにつれて、山も動いているように見えるのを見て、不思議なことに、歌を詠んだ。その歌は、
漕いで進む船の上から見ると、山までも一緒に進んでいるのを(山に生えている)松は知らないのかなあ。
というものである。幼い子の言うこととしては、ふさわしい。

2 まだ夜明け前から足柄山を越える。まして、山の中が恐ろしい様子であることは、何とも言いようがないほどである。雲を足の下で踏んでいる(ような気分だ)。山の中腹あたりの、木の下の狭いところに、葵がほんの三本ほどあるのを(見て)、「人里離れて、このような山中でも生えたのだなあ」と(言って)、人々はしみじみと(葵を)いとおしんだ。谷川はその山に三か所流れている。
やっとの思いで(山を)越えて、関所のある山に泊まった。ここからは駿河である。横走の関のそばに、岩壺という所がある。何とも言えないくらい大きな石の四角い(のがあり、その)中に、穴があいた所からわき出る水の、きれいで冷たいことは、このうえもない。

12時間目 紀行文を読む (おくのほそ道)

解答 (26～27ページ)

1 (1) **ウ** (2) **衣川(は)** (3) **高館** (4) **エ**
(5) ① **X ウ　Y ア** ② **エ** ③ **イ**

2 (1) **おもいめぐらさず**
(2) **もさすがに**
(3) ① **X 田植うた　Y 夏**
② **切れ字**
(4) **エ** (5) **ア**

出典 1は、群馬県と沖縄県の公立高校入試問題として出題されたものを合体し、改作したもの。2は、福島県の公立高校入試問題として出題されたものを改作したもの。「おくのほそ道」は、松尾芭蕉が元禄二年(一六八九)

三月に、江戸深川《えどふかがわ》の芭蕉庵《ばしょうあん》を出発し、松島《まつしま》、平泉《ひらいずみ》など奥州《おうしゅう》を行脚《あんぎゃ》（＝徒歩で諸国を旅すること）し、北陸《ほくりく》、美濃《みの》を経て、九月に大垣《おおがき》から伊勢《いせ》に船で出発するまでを描いた紀行文である。

解説

1 (1)中国の故事「一炊《いっすい》の夢」（＝人生の栄華のはかないことのたとえ。「邯《かん》鄲《たん》の夢」「邯鄲の枕《まくら》」ともいう）をふまえた言葉である。

(2)「高館」の下で、大河と一つになるのだから、主語は衣川だとわかる。

(3)・(4)「まづ高館に登れば」とあることに着目する。秀衡が跡と金鶏山は、高館に登る前に見たもので、衣が関は「この城」から見たものである。

(5)①杜甫の「春望」の最初の二句の「国　破《レテ》　山　河　在《リ》／城　春《ニシテ》　草　木　深《シ》」をもとにして書かれた。

②「夢の跡」と、名詞（体言）で終わっている。

③「三代の栄耀一睡のうちにして」という事実をふまえ、「国破れて」「夢の跡」から人の世のはかなさを、「山河あり」「春にして草青みたり」や、夏になると生い繁っている「夏草」などから自然の永遠性を感じていることを読み取る。

2 (1)語中・語尾の「はひふへほ」は「わいうえお」に直す。

(2)「……と語れば」に着目する。「等窮」も芭蕉も俳人だったので、「等窮」の問いかけには「どんな句を詠《よ》みましたか」という意味が込められている。だから、芭蕉の返答には、俳句がふくまれているのである。

(3)①俳句は季節感を大切にしているため、一句の中に季節を表す語を詠み込むことを原則としている。この語を季語（季題）という。季語は四季に分類されているが、旧暦（春―旧暦一～三月・夏―旧暦四～六月・秋―旧暦七～九月・冬―旧暦十～十二月）を基準にしているため、現代の季節感と一致しないものもあるので注意する。

②一句の中で意味が切れるところに用いられ、句の感動の中心を強めるはたらきがある。主な切れ字としては、「や・かな・けり」などがある。切れ字のない句もある。

(4)芭蕉は白河の関を越えるときに「風景に魂うばはれ、懐旧に腸を断」ったとあるから、白河の関にゆかりのある昔の人をしのんでいたことがわかる。

(5)**イ**は与謝蕪村《よさぶそん》の句、**ウ**は小林一茶《こばやしいっさ》の句、**エ**は芭蕉の弟子の服部嵐雪《はっとりらんせつ》の句。

現代語訳

1 （奥州藤原氏の）三代の栄華もひと眠りの夢のようにはかなく消えて、大門の跡は、一里手前にある。秀衡の（館の）跡は田や野原となって、金鶏山だけが（昔の）形を残している。まず（源義経《みなもとのよしつね》の館だった）高館に登れば、北上川（が眼下に見えるが、それは）南部から流れる大河である（ことがわかる）。衣川は、和泉が城を一周するように流れて、高館の下で大河（＝北上川）に合流している。泰衡たちの（館の）古い跡は、衣が関を隔てて南部（地方からの入り）口を警備し、えぞ（の侵入）を防ぐように見えた。それにしても（義経は）忠義な臣を選び抜いてこの城にこもって（戦ったのだが、その）手柄も一時の（ことで、今はその跡は）草むらとなっている。「国破れて山河あり、城春にして草青みたり」と（杜甫の詩を思い出して）、笠を敷いて座り、時の過ぎるのも忘れて（懐旧の）涙を流した。

辺りは一面夏草に覆われている。その昔、この場所で、義経と家臣たちが手柄をあげ、名をなしたことも、今となっては夢のように過ぎ去ってしまったなあ。

2 そんなふうにして、白河の関を越えていくうちに、阿武隈川を渡った。左に磐梯山が高く（そびえ）、右に岩城・相馬・三春の地方、常陸と下野の地との境をなして、山がつらなる。影沼という所を通ったが、今日は空が曇っていたので物影は映らない。

須賀川の宿駅に等窮という者を訪ねて、四、五日ひきとめられた。（等窮は）最初に、「白河の関をどのように越えましたか。」と尋ねた。（私が）「長い旅路の苦しさで、身も心も疲れていた上に、また一方では辺りの風景にすっかり心を奪われ、白河の関にゆかりのある昔の人や故事を思う気持ちにせまられて、思うように句を作ることもできませんでした。

（これが奥州に入って私が接した）風流の最初のものだなあ。白河の関を越えてから聞いた田植え歌が。

全然何も詠まずに白河の関を越えるのもやはり残念なので」と語ると、（みんなで）脇・第三と続けて、三巻の連句ができあがった。

13時間目　和歌の鑑賞

解答（28～29ページ）

1 (1) **つぼみのままでいる（ということ。）（9字）**

(2) **ア**　(3) **C**

(4) ③くれないにおうもものはな
⑤てらいのうえのかたかごのはな

(5) おとめも

(6) 例 (この歌が、)おとめたちの姿や声、かたくりの花の色などを表現し、光と色彩にみちていること。(38字)

(7) エ

出典 滋賀県の公立高校入試問題として出題されたものを改作したもの。清川妙の「清川妙の萬葉集」より出題。「万葉集」(編者未詳)は、奈良時代に成立。庶民から天皇まで幅広い層の歌を集めた、日本に現存する最古の歌集である。

解説

1 (1)和歌の「ふふめる」の前にある「梅の花咲けるがなかに」あたる部分を文中で探してみる。

(2)人でないものを人に見立てて表現する技法を「擬人法」という。**ア**は、蛙(かえる)が地面に手をつき、歌を申し上げている、と人に見立てている。

(3)脱文の中に「しかし」、「その実景」とあることに着目する。**A**から**D**にあてはめ、文意が通るか確認しよう。

(4)③「ほ・ふ」を「お・う」にする。⑤「ゐ」を「い」に、「へ」を「え」にする。

(5)設問文に「一文節で抜き出」すとあるのに注意。文節とは、文を読む際に自然な発音によって区切られる最小の単位。

(6)――線部⑥のあとの4行に述べられていることを、制限字数内にまとめる。

(7)ⓐは春の初めにつぼみのままでいる梅の花から、恋の心を想像する細やかな情感が述べられている。ⓑは春の盛りのころの実景からうけた感動がうたわれている。よって**エ**が適切。

得点アップQ&A

Q **和歌の主な表現技法にはどういうものがあるの?**

A 和歌の表現技法には、次のようなものがあります。

①**枕詞**《まくらことば》…一定の言葉を引き出す語で、普通は五音である。

例 あしひきの→山・峰《を》 あらたまの→年・月・日・春 あをによし→奈良 くさまくら→旅・仮 たらちねの→母・親

②**序詞**《じょことば》…枕詞とほぼ同じ役目を持つ、七音以上の句。ただし、枕詞と違って、かかる言葉が一定していない。

例 あしひきの山鳥の尾のしだり尾の長々し夜をひとりかも寝む

訳 山鳥の長く垂れている尾のように、長い長い夜をひとりで寂しく寝るのだろうか。

③**掛詞**《かけことば》…同音の一つの言葉で、二つ以上の言葉を表す技法。

例 あき(秋・飽き) うき(憂き・浮き) ながめ(眺め・長雨) まつ(松・待つ)

④**縁語**…一首中にある語と意味内容の上から関係がある語を用いること。

例 唐衣《からころも》着つつなれにしつましあればはるばるきぬる旅をしぞ思ふ

「唐衣」が「着る」の枕詞。

「唐衣着つつ」が「なれ」を引き出す序詞。

「なれ」が「着なれる/なれ親しむ」、「つま」が「妻/着物の褄《つま》」、「はるばる」が「遥々《はるばる》(=はるか遠く)/着物を張る」、「きぬる」が、「来ぬる/着ぬる」の掛詞。

「着・なれ・つま・はる・きぬる」が「唐衣」の縁語。

訳 唐衣を着つづけて身になじむように、慣れ親しんできた妻が(都に)いるので、はるばるやって来た旅がしみじみと思われることだよ。

⑤**本歌取り**…古歌の特徴的な語句をもとにして、新たな世界を展開させた一首を作る技法。

⑥**体言止め**…結句を名詞(体言)で終わり、余情・余韻を表す技法。

⑦**句切れ**…結句以外の句で意味が切れていること。初句切れ・二句切れ・三句切れ・四句切れがある。また、句切れのない(句切れなし)歌もある。初句切れと三句切れは七五調、二句切れと四句切れは五七調である。

14時間目 漢文の基礎

解答（30～31ページ）

1 (1) **ア** (2) **ウ** (3) **黒に非ずして白に非ず**
(4) **A 恥じる B 良知**

2 (1) **送㆓新 衣㆒与**
(2) **新衣**
(3) **エ**

3 (1) **焉** (2) **ウ**
(3) 例 **行いのよくない者の言動を見て、自分のよくない点を改めること。**（30字）

出典 1は、「権子」より。兵庫県の公立高校入試問題として出題されたものを改作したもの。2は、「世説新語」より。群馬県の公立高校入試問題として出題されたものを改作したもの。「世説新語」は中国南北朝時代の宋の劉義慶が編集したもので、後漢から東晋までの人物の逸話が集められている。3は、兵庫県の公立高校入試問題として出題されたもの。「論語」は、孔子の死後、弟子たちが、孔子やその門人たちの言行を集め、整理編集したもの。

解説

1 (1)――線部①の直前に、来たばかりの学生は「愚騃（愚か）」であるとある。だから、先生が良知について論じているのを聞いても、理解できなかったのである。
(2)「失笑」は、思わず笑ってしまうこと。「良知」が概念であることもわからず、「黒か白か」という的外れな質問をした学生に、周りの弟子たちは笑ってしまったのである。
(3)レ点は直後の一字から返って読む。詳しくは得点アップQ＆A を参照。
(4)――線部④の「赤」とは、恥じ入った学生の顔色。頑固にならずに、素直に恥じたところに、陽明先生は「良知」の本質を見たのである。

2 (1)「衣」から「送」へ二字返って読むので、一・二点を用いる。
(2)婦が桓車騎に送った「新衣」を、桓車騎が婦のところへ持ち帰らせ、婦はその「新衣」をさらに桓車騎のところへ持って行かせたのである。
(3)桓車騎は「新衣」を着たので、直前の妻の言葉に納得したのである。

3 (1)――線部①は書き下し文の1行目で「必ず我が師有り」と読まれている。――線部①と比べて読んでいない漢字は「焉」だけである。このような漢字を「置き字」という。
(2)1行目の「其の善なる者を択《えら》びて之《これ》に従ひ」を参考にする。指示語が指す内容は前の部分にあることが多いから、孔子が従いなさいと言っているのは「善なる者」のことである。
(3)解説文の「不善者もまた、自分の成長に役立つ師とすることができる」に着目する。

書き下し文

1 昔、陽明先生の居に群弟子侍る。一初来の学士、蓋し愚騃の人なり。乍ち先生の良知を論ずるを聞くも、解せず。卒然として問を起こして曰はく、「良知は何物なりや。黒か、白か。」と。群弟子啞然として失笑す。士は慙ぢて赧らめり。先生徐ろに語げて曰はく、「良知は黒に非ずして白に非ず、其の色赤なり。」と。

現代語訳

1 昔、陽明先生の住まいに弟子たちがひかえていた。一人の来たばかりの学生は、たぶん愚かな人なのだろう。しばらく先生が良知について論じているのを聞いても、理解できなかった。突然質問して言うことには、「良知とは何物ですか。黒ですか、白ですか。」と。弟子たちはあきれて思わず笑いだしてしまった。学生は恥ずかしくて顔を赤らめた。先生が落ち着いて（学生に）告げて言うことには、「良知は黒ではなく白でもない、その色は（今の君の顔色のような）赤なのだよ。」と。

2 桓車騎は、新しい着物を着ることが好きではなかった。入浴後、妻は、わざと新しい着物を送って差し上げた。車騎は、たいそう怒り、急いで持ち去らせた。妻は（使者が持ち帰った新しい着物を）もう一度持って行かせ、ことづけて（次のように）言った、「着物は、新しい状態を経なければ、どうして古くなるでしょう。」と。桓公は、大笑いしてこれ（＝妻が送った新しい着物）を着た。

3 孔子が言うには、「三人が連れだっていくと、（その中に）きっと自分の師がいる。その中から善者を選んで、その人に従い、不善者を見て、自分の悪いところを改めるのだ。」と。

得点アップQ&A

Q 漢文を読むときの注意点は？

A
- **白文**…漢字ばかりで書かれた中国語の原文。
- **訓読文**…白文に訓点(漢文を読むためにつけた返り点と送り仮名、句読点)をつけて、日本人でも読めるように工夫したもの。
- **書き下し文**…訓読文をもとに漢字仮名交じり文に書き直したもの。
- **返り点**…訓読するときに読み方の順序を示す記号。

a **レ点**…直後の一字から返って読む。

例 田中ニ有リレ株。 ↓田中に株有り。
　 1 2 4 3

b **一・二点**…二字以上隔てて、下から上に返って読む。

例 陥《とほ》サバ二子之盾ヲ一何如《いかん》。 ↓子の盾を陥さば何如。
　 4 1 2 3 5 6

c **上・中・下点**…一・二点を挟み、さらに返って読む。

例 不ず下為ニ二児孫ノ一買ハ中美田ヲ上。 ↓児孫の為に美田を買はず。
　 7 3 1 2 6 4 5

d **レ点・上レ点**…レ点と他の返り点の併用。

例 遂ニ為《な》ル二楚《そ》ノ所ト上レ敗ル。 ↓遂に楚の敗る所と為る。
　 1 5 2 4 3

- **送り仮名**…漢文を訓読するために、歴史的仮名遣いで、カタカナを用いて、右側につける。
- **再読文字**…一つの字を二度読む文字。最初は右側を読み、二度目は返り点に従って漢字の左側につけられた助動詞(または動詞)の部分を読む。

例
- 未《いまダ》《ず》：いまダ〜ず ↓まだ〜ない
- 将《まさニ》《す》(且《まさニ》《す》)：まさニ〜(ント)す ↓今にも〜しようとする
- 当《まさニ》《べシ》：まさニ〜べシ ↓当然〜すべきだ
- 宜《よろシク》《べシ》：よろシク〜べシ ↓〜するのがよい
- 猶《なホ》《ごとシ》：なホ〜(ガ・ノ)ごとシ ↓まるで〜のようだ

- **置き字**…意味が前後の送り仮名に反映されていたり対応する日本語がなかったりするため読まない字。

例
- 於・乎・于＝対象・比較・場所などを表す。
- 而＝前後をつなぐはたらきをする。(3の漢文2行目)
- 矣・焉＝断定・強意などを表す。

＊「于」以外は前後の関係で読むこともある。

15時間目 漢詩の基礎

解答(32〜33ページ)

1 (1) イ　(2) ウ　(3) 一日　(4) A エ　B ア

2 (1) 七言絶句
(2) 李 白 乗ツテレ舟ニ 将ニ 欲スレ行カント
(3) ウ
(4) ① A 例 見送られる(5字)
B 例 見送る(3字)
② 例 次第に遠ざかり(7字)
③ 例 さらに深い汪倫の心づかい(12字)

出典 1は、沖縄県の公立高校入試問題として出題されたもの。「唐詩選」は、唐代の詩人の詩を集めたもの。2は、秋田の公立高校入試問題として出題されたもの。李白は「詩仙」とよばれ、詩の特徴として率直さや明るさ、奔放な空想力が挙げられる。

解説

1 (1) 一行(句)が七字で、四行(句)からできている。漢詩の形式については得点アップQ&Aを参照。
(2) 「辞」には、あいさつを述べて去る・いとまごいをする、という意味があり、「辞去」という熟語がある。
(3) 「千里」は非常に遠い距離のたとえとして使われることがある。「一日《いちじつ》」はごく短い時間のたとえとして使われている。読み方にも注意する。
(4) Aは、白と赤の対比から考える。Bは、「舟旅の軽快さ」がスピード感で、「後ろへ流れていく岸の動き」が躍動感〔＝いきいきとして勢いのある感じ〕を表している。

2 (1)四句からできていて一句が七字なので、七言絶句である。

(2)「舟に↓乗って」「行かんと↓欲す」と一字返るのでレ点をつける。

(3)**X**「忽ち聞く岸上踏歌の声」、「及ばず汪倫我を送るの情に」、**Y**「惟だ見る長江の天際に流るるを」に倒置法が使われている。

(4)①**X**は「李白……将に行かんと欲す」「汪倫我を送る」から、李白が送られていることがわかる。**Y**は「孤帆の遠影碧空に尽き」「惟だ見る」とあることから李白が友の乗った舟を見送っていることがわかる。

②「遠影」を十字以内で説明しよう。

③「及ばず汪倫我を送るの情」を表中の文にあてはまるように言い換えよう。

現代語訳

1 本冊32ページの「大意」参照のこと。

2 **X** 汪倫に贈る

李白は舟に乗って今にも出発しようとしていた。ちょうどそのとき、(汪倫の声かけで集まった村人たちが)岸辺から足を踏み鳴らして歌う声が聞こえてきた。桃花潭の水の深さは千尺もあるというが、それでも汪倫がわたしを見送る情の深さには及ばないだろう。

Y 黄鶴楼で孟浩然が広陵に行くのを見送る

友である孟浩然が西にあるこの黄鶴楼に別れを告げ、花咲き霞たなびく三月に、揚州へと下っていく。

(楼に上ってそれを見送ると)一艘の帆かけ舟の遠い姿は、やがて青い空のかなたに消え、あとにはただ長江の水が空の果てまで流れ続けるのが見えるばかりだ。

得点アップQ&A

Q 漢詩のきまりは？

A 漢詩は形式や構成などいろいろなきまりがありますが、高校入試では次のことを覚えておくといいでしょう。

①漢詩の形式

a 全体が四句からできていて
- 一句が五字→五言絶句《ごごんぜっく》
- 一句が七字→七言絶句《しちごんぜっく》

b 全体が八句からできていて
- 一句が五字→五言律詩《ごごんりっし》
- 一句が七字→七言律詩《しちごんりっし》

②各句の名称

・絶句
第一句＝起句《きく》
第二句＝承句《しょうく》
第三句＝転句《てんく》
第四句＝結句《けっく》

・律詩
第一・二句＝首聯《しゅれん》
第三・四句＝頷聯《がんれん》
第五・六句＝頸聯《けいれん》
第七・八句＝尾聯《びれん》

＊絶句は「起承転結」と覚える。

③押韻…母音が同じ漢字を句末に置いて調子を整えること。押韻する位置は原則として次のようなきまりがある。
・五言詩＝偶数句末
・七言詩＝第一句末と偶数句末

④対句《ついく》…句の字数・構成が同じで、意味内容も互いに対応する二つの句をいう。返り点の位置も同じ場合が多い。律詩では、第三句と第四句、第五句と第六句が対句となる。

例
已《すでニ》 訝《いぶかル》 衾《きん》 枕《ちんノ》 冷《ヤヤカナルヲ》
⇄ ⇄ ⇄ ⇄
復タ 見ル 窓 戸ノ 明ラカナルヲ

⑤一句の構成…漢詩の意味上の句切れは、ふつう次のようになっている。これを覚えておくと、漢詩の正確な理解ができるようになる。

▼五言詩＝○○－○○○(2・3)

▼七言詩＝
- ○○－○○－○○○(2・2・3)
- ○○○○－○○○(4・3)

総仕上げテスト①

解答(34～36ページ)

1 (1) **いずれもよさそうなれども**

(2) **羽づかひ**

(3) 例 **本物の白鷺が飛んでいる**(ように描いてもらいたい。)

(4) **ウ**

(5) a この飛び様が第一の出来物ぢや。(15字)
b 例 本物の白鷺よりも自分の描いた白鷺の方がすばらしく飛ぶことができる

2 (1) はいいりたまえ
(2) ア (3) イ (4) ウ

3 (1) 面
(2) うつわもの
(3) 水は、きはめてやはらかなるゆゑ
(4) エ

出典 1は、鹿児島県の公立高校入試問題として出題されたもの。「浮世物語」は、浅井了意によって書かれた江戸時代の仮名草子。2は、埼玉県の公立高校入試問題として出題されたもの。「夏山雑談」は、小野高尚によって江戸時代に成立した随筆。3は、岩手県の公立高校入試問題として出題されたもの。「童子教諺解」は、恵空によって江戸時代に書かれたもの。

解説

1 (2) 白鷺が飛んでいる姿を四字で表現している部分を抜き出す。
(3) 「あのやう」とは、本物の白鷺が飛んでいる姿を指している。
(4) 絵描きと主人とは違った見方をしている。
(5) a は、絵描きが自信たっぷりに言っている部分を抜き出す。b は、絵描きの「それがしが描いたやうにはえ飛ぶまい。」から考える。

2 (1) ハ行の「ひ・へ」を「い・え」に直す。このとき直すのは語中・語尾のハ行で、語頭の「は」は直さない。
(2) 1行目の「或人いふ、」のあとから「嘘楽麿按ずるに」の前までが或人の言ったことである。よって、**ア**「或人」が適切。
(3) 「容れられ→不るが→如し」の順になるように、レ点を二カ所につける。
(4) 論語の書き下し文と「是をもつて見れば……」の内容から、**ウ**が適切。

3 (1) Bの古文では「その」は「かほ」(＝顔)を指している。
(3) 「ゆゑ」は、「……のため」という理由を表す。
(4) 人の心を水にたとえて説明しているから、水の説明に注目する。

書き下し文

3 A 心の不同は面の如し。譬へば水の器ものに随ふが如し。

現代語訳

1 ある人が座敷を作って(襖《ふすま》に)絵を描かせた。白鷺だけを描くように希望した。絵描きは、「承知しました。」と言って焼筆を当てた。主人が言うには、「どれも一見よくできているけれども、この白鷺が飛び上がっている、羽づかいがこのようでは飛ぶことはできまい。」と言った。絵描きが、「いやいやこの飛ぶ様子がもっともすばらしいところなのだ。」と言っているうちに、本物の白鷺が四五羽、群がって飛んでいった。主人はこれを見て、「あれを見てください。あのように描いてもらいたいものだ。」と言うと、絵描きがこれを見て、「いやいやあの羽の使い方では、私が描いたようには飛ぶことはできまい。」と言った。

2 ある人が言うことには、「はいるということは、這って入るということだ。そうならば、来客時に主人が『おはいりください』と言うのは敬意を表す言葉である。『私の家が低くて狭いので、身体をいれるのも大変でしょうから、這って入ってください。』ということだ。客の方から『入ります』と言うのは無礼な言葉であるにちがいない。」嘘楽麿(＝語り手)が考えるには、
論語に「王宮の門に入るときには、まりのように身をかがめる。おそれつつしんで入ることができないような様子である。」とある。これから考えるに、たとえ門戸が広くても、首を垂れてかしこまり、まるで狭いかのように「はいります」と客から言うのも、敬意の言葉であるにちがいない。

3 A 人の心が(他人の心と)同じでないのは、顔(が他人の顔と同じでないの)と同様である。たとえば(人の心は)水が器の形どおりになるのと同様である。
B 人の顔というものは、千万人を集めても同じ顔を持っている者はいないのである。人の心も、それと同様に、千万人の中にも同じような心を持っている者は、いないものである。そのことを、顔が同じでないことにたとえている。水は、非常に柔らかいため、四角と円形の容器の形どおりになることにたとえている。また、水が容器の形どおりになるといって、角のあるものに入れれば、角がある(形になる)。円いものに入れれば円くなる。人の心も、水が容器の形どおりになるのと同様である。

総仕上げテスト ②

解答（37〜39ページ）

1
(1) **いい伝う**　(2) **エ**　(3) **皿**
(4) 例 **皿を割った女の命が奪われてしまうと思ったから。**
(5) **ア**　(6) **エ**
(7) 例 **男が一人で残りの皿を割ることで、皿を割って命を奪われる人々を救おうとしたから。**（39字）

2
(1) **ウ**　(2) **エ**
(3) 例 **故郷が恋しくて、早く帰りたい**（14字）

3
(1) **ア**　(2) **海日生ジ二　残夜一**
(3) **イ**　(4) **ウ**

出典　1は、福井県の公立高校入試問題として出題されたものを改作したもの。「閑田耕筆」は、伴蒿蹊によって書かれた江戸時代の随筆。2は、山口県の公立高校入試問題として出題されたもの。「東関紀行」は、鎌倉時代の紀行文で、作者不詳。3は兵庫県の公立高校入試問題として出題されたものを改作したもの。「唐詩選」は、唐代の詩人の詩を集めたもの。

解説

1
(1)語中・語尾の「はひふへほ」は「わいうえお」に直す。
(2)**ア〜ウ**は、すべて「裏に米を舂く男」の行動。**イ**の「いひし」の内容は、直前の「継ぐべき秘薬有り」である。これは、そのさらに前で「裏に米を舂く男」が「わが家に……跡も見えず」と言っていたことを表している。**エ**は、「主人」の行動。「裏に米を舂く男」の勇気に感じ入った「主人」が、「裏に米を舂く男」を「士」にするよう「城主へ申し」たのである。
(3)指示される内容は、指示語の前にあることが多い。
(4)――線部②の一つ前の文に「もし是〔＝皿〕を破る者あらば一命を取るべし」、――線部②の前に「一婢あやまちて一枚を破りしかば」とある。家中の人々は、皿を割った女の命が奪われてしまうと思って悲しんだのだ。
(5)ここでの「色」は「顔色」を表す。女の命が奪われてしまうと思って青ざめていた顔色が、割れてしまった皿を跡も残さずにくっつけられると聞いて、元通りになった〔＝落ち着きを取り戻した〕ということ。
(6)この「いふ」が示しているのは、男が嘘をついてまで皿を割った理由を説明している部分、「一枚破りたるも……かくせんがためなり」である。
(7)男が一人で残りの皿を割ることで、自分だけが罰を受け、他の人の命が奪われないようにしたというのがこの話の大筋。主人は、男の命がけの行動が勇気あるものだと感心したのである。これらの内容を指定字数以内でまとめる。

2
(1)和歌の主な表現技法については14ページの 得点アップQ&A を参照。
(2)秋を象徴するものである「虫の音」が次第に消えていき、山頂からの強い風がはげしくなっていく、ということから、秋の終わりと厳しい冬の到来を表していると考えられる。
(3)二文めに「懐土の心に催されて」、和歌に「帰るべき春をたのむ」とあることから、筆者は故郷を恋しく思い、帰りたがっていると考えられる。

3
(1)一句が五字で、八句からできている。
(2)「残夜」から「生」に二字返って読むので、一・二点を使う。
(3)律詩は三句と四句、五句と六句が対句になるというきまりがあるが、この句は初句と二句も対句になっている。対句の対応と、文脈から判断しよう。[A]は「青山」と対応しているので、「紅山」「緑水」が候補となる。二句は「行舟[A]前」となっていることから、舟が浮かぶ川を表した「緑水」が適切。[B]は、舟の帆が揚がるということから「風」があてはまる。
(4)「郷書」は、ここでは「故郷に宛てた手紙」。自分が故郷へ送った手紙はどこまでいっただろうかと気にする思いを、手紙を運ぶとされた雁が、故郷・洛陽のある北へ渡ることにのせて表現している。

現代語訳

1　上野の国の侍の家に秘蔵の皿が二十枚あった。もしこれを割るものがいたならば一命を奪おうと、代々言い伝える。ところが、使用人の女が誤って(その皿のうちの)一枚を割ったので、家中の皆は驚き悲しんでいたところ、裏で米をついていた使用人の男がこれを聞きつけて、「私の家に秘薬があって、割れた陶器をくっつけると跡も見えなくなります、まずその皿を見せてください。」と言うと、皆は落ち着きを取り戻してその男を呼んで(皿を)見せたところ、(男は)二十枚(の皿)を重ねて(置いて)じっくり見るふりをして、持っている杵で(皿を)粉々に砕いた。人々がこれはどうしたことかと驚いたところ、(男が)笑って言うには、一枚割っても二十枚割っても同じように一命を取られるなら、(この皿は)すべて私が割ったと主人におっしゃられよ。この皿は陶器なのでその一つ一つに割れるときがあるに違いない、そうしたら二十人の命にかかわることを、私一人の命をもってつぐないましょう、くっつける秘薬があると言ったのは偽りで、このようにするためであると、少しもたじろがずに主人の帰りを待っていると、主人が帰ってきてこの事情を聞いて、その正義の心から発する勇気に感じ入り、城主に推薦してさむらいに取り立てなさったのだが、案の定(男は)心の清らかな役人だったということだ。

2 聞きなれた虫の音も次第に消え果てていき、松を吹き下ろす山頂からの強い風だけがますますはげしくなっていく。故郷を恋しく思う心に誘われて、しみじみと(遠く離れた)都のほうを眺めるそのとき、一列に連なる雁が雲に消えていく様子も物寂しい。

春には再び故郷に帰ることを頼みにして田の面の雁がねも鳴いて旅の空に出たのであろうか

3 北固山のふもとに宿泊する

旅路は青々とした山の外へ向かい、(自分が乗って)進んでいく舟は、緑色の水を前にしている。川面は平らにゆったりと流れて両岸(の間)は広く、順風に恵まれて一つ帆が揚がる。海上の朝日はまだ夜のうちに昇り、長江の春は年の明けない旧年のうちにくる。故郷へ宛てた手紙はどの辺りまで達しただろうか、(北へ)渡る雁(に託した手紙)は、(私の故郷である)洛陽の辺り(に達しただろうか)。